# 自序

会说话有两个作用，一个是锦上添花，另一个是雪中送炭。良言一句三冬暖，会说话不仅可以温暖人心，还可以让陷入僵局的事情峰回路转。

很多人因不会说话而吃过亏，不经意间得罪人，给自己增加了很多麻烦。有些人因为不会说话，丢了工作，事业发展受阻；有些人因为不会说话，一份原本好好的感情，成为过眼云烟；有些人因为不会说话，每天为糟糕的人际关系所扰；有些人因为不会说话，工作中的项目推进经常受阻。

会说话这件事，越是有阅历的人，往往越认可它的重要性。比如在职场上，如果你有硬实力，再拥有"好口才"这种软实力，你的工作效果就会大幅提升，事业发展也会更顺利。因为口才是一种通用能力，无论从事什么职业都需要沟通和交流，需要跟人打交道。口才好不仅可以"润滑"人际关系，减少不必要的精力消耗，还可以提升工作效率。在生活中也是一样，口才好不仅可以帮助你建立良好的朋友关系和家庭关系，还可以帮你广结善缘，提升幸福指数。

这也是我写本书的初衷：帮助更多人解决"会说话"的问题。因为我知道有太多人被如何说话的问题困扰，就像书中提及的很多新励成学员一样。选择他们的故事作为案例，是因为真实，而且很有代表性，你现在面对的问题也是他们曾经面对的，所以他们解决问题的思路和方法，也很可能适合你。而且，很多问题虽然看似不同，但本质上是有共性的。

有些人害怕当众讲话尤其是演讲，还没上台呢，心脏就开始加速"突突"了；有些人一跟领导说话就紧张，手心冒汗；有些人不知该如何向心仪的人表白，结果错失了佳人。这些表象其实都指向一个根本问题——不敢说。

有些人想处理好婆媳关系和妯娌关系，但总是弄巧成拙；有些人和领导谈升职加薪，不仅无功而返，还给领导留下了不好的印象；有些人想和同事处好关系，却不知不觉就得罪了别人。这些表象都指向另一个问题——不会说。

正如下页图所示的那样，"会说"其实并不是一个孤立的问题，而是三个问题：能说、敢说和巧说。"能说"是意识的问题；"敢说"是心态的问题；"巧说"是技巧的问题。我们要知道什么时候该说，什么时候不该说；什么话能说，什么话不能说；什么情况下要直说，什么情况下要委婉地说。

新励成
软实力教育丛书

陶辞 著

好口才
这样学

人民邮电出版社
北京

**图书在版编目（CIP）数据**

好口才　这样学 / 陶辞著. -- 北京 : 人民邮电出
版社，2023.7
ISBN 978-7-115-60054-7

Ⅰ. ①好… Ⅱ. ①陶… Ⅲ. ①口才学－通俗读物
Ⅳ. ①H019-49

中国版本图书馆CIP数据核字(2022)第219796号

## 内 容 提 要

说话和沟通，可以说是每个人的必修课。无论是在工作、学习还是生活中，拥有好口才都能让人更上一层楼。

本书共五章，分别介绍了如何赞美他人、如何正确地拒绝、如何把握沟通时的分寸、如何控制沟通的节奏，以及如何说服他人。本书告诉读者如何通过简单实用的方法好好说话和高效沟通，从而把自己的想法、建议等真实而巧妙地传递给受众。

本书适合广大想提升说话水平、丰富沟通技巧的读者阅读，也适合相关的培训机构作为教材使用。

◆ 著　　　　　陶　辞
　　责任编辑　贾鸿飞
　　责任印制　王　郁　胡　南
◆ 人民邮电出版社出版发行　　北京市丰台区成寿寺路 11 号
　邮编　100164　　电子邮件　315@ptpress.com.cn
　网址　https://www.ptpress.com.cn
　涿州市京南印刷厂印刷
◆ 开本：880×1230　1/32
　印张：5.75　　　　　　　　　2023 年 7 月第 1 版
　字数：100 千字　　　　　　　2023 年 7 月河北第 1 次印刷

定价：49.80 元
读者服务热线：**(010)81055410**　印装质量热线：**(010)81055316**
反盗版热线：**(010)81055315**
广告经营许可证：京东市监广登字 20170147 号

有了这个认识后，口才学习的思路就更清晰了。本书内容正是以此为内核展开。读完本书，你不仅可以掌握说话的方法，还能建立起良好的表达和沟通意识，让自己真正掌握说话的能力，尤其是五种最核心的能力：懂得欣赏他人，能够夸到点子上的赞美能力；敢于回绝和善于说"不"的拒绝能力；说话适度，把握分寸的能力；主动把控节奏的能力；通过说话对别人产生积极影响的说服能力。

因此本书每章都围绕一种核心能力，从意识、逻辑和方法三个角度进行阐述，这样可以让你透彻理解，而且可以马上就能运用相关的方法。选择这五种能力作为本书的核心内容，主要是因为大量的数据清楚地告诉我，这五种能力是平时最常用的，也是新励成学员们最想拥有和提升的。掌握了这五种能力，日常的绝大多数情况，你就都可以轻松应对了。而本书内容来源于新励成公司在演讲与口才培训行业深耕 18 年的经验，和超过 15 万名学员的切身经历。

多年来，新励成不仅积累了丰富的教育培训经验，还建立了深厚扎实的理论体系。本书的写作就基于新励成研究院研发的"4P 理论"。有理论的支撑，方法使用起来会得心应手，学到的知识也可以更好地内化。为了帮助你更好地内化和应用，本书还配有一门视频课。新励成一直以来的理念就是，学习的目的在于知识，但更在于行动。

只有行动起来，把内化的知识外化为行动，我们的工作和生活才会发生真实的改变。拥有好口才后，你的社交成本会变低，不必要的精力消耗会减少，每天的心情会更愉悦，人际关系的质量会变高……这就是我们的初心：帮助更多的人解决"会说话"的问题，让更多的人拥有好口才，从而让工作和生活都越来越顺利。

本书虽然由我执笔，但创作它的不是我，而是"我们"，是18 年来每位站在讲台上授课的老师，是每一位用心学习和交流的学员，还有制作视频课的导演、摄影师及后期制作的伙伴们。感谢每一个人。感谢人民邮电出版社给予指导的老师们，尤其是从始至终给我支持的李莎老师，非常感谢。

一位前辈曾对我说："好口才，可以把人生的小幸运粘在一起，变成一个大幸福。"现在，我把这句话送给你，愿你拥有好口才，拥有美好的未来。

# 目录

第二章 拒绝，是人生的一种态度

第三章　分寸，人与人之间的距离美

第四章 节奏，是顺畅沟通的艺术

# 第一章

# 赞美，是美好生活的一部分

# 一 四种好用的赞美方法

我的宝宝两岁多时，有个行为挺有意思，他吃饭时总会先给自己塞一口，然后张着嘴看着妈妈，等妈妈一说"太棒啦，宝贝"就立马摇头晃脑地开始嚼，可欢实了。他还特别喜欢挑红色的衣服穿，一听到我们说他帅，就开始手舞足蹈。在他的身上，我可以很直观地看到人天生喜欢被夸奖、被赞美。

你喜欢被别人赞美吗？很坦白地说，我喜欢。虽然我懂得赞美的原理，而且能直接拆解别人的语言结构，但别人夸我时我还是会开心。这是一种本能，我们喜欢被赞美，特别是真诚的赞美，哪怕你知道别人是带着目的的，你也能理性对待，但心底还是会有一丝波动和喜悦。无论是大人小孩还是男人女人，都需要赞美。赞美是别人认可你、欣赏你、尊敬你的一种表达，这种表达是我们与别人建立关系的非常好的方式。

我们需要别人的赞美，同样，别人也需要我们的赞美，人与人之间因为喜欢、认可、欣赏、尊敬而建立的关系才是良性的关系。我们要建立良性的关系，有个很简单却容易被忽略的真理——**给别人需要的，别人就会给你需要的**。这些需要有物质的，也有精神的。很多人的人际关系之所以紧张，是因为平时不能给予别人想要的，哪怕只是一句赞美。你可以问自己一个问题："每天，你会被别人赞美几次？"认真地想一想，这其实是一个很严肃的问题，这个问题的答案关乎你的人际关系质量。换个角度，你再问自己一个问题："每天，你会赞美别人几次？"这个问题的答案更为重要，它关乎你的幸福指数。如果你问我，在日常的工作和生活中，哪种沟通能力最为重要，我会毫不犹豫地告诉你：赞美。

赞美是性价比最高的沟通方式，一句恰到好处的赞美胜过千言万语。善于赞美别人的人不光能使别人开心，也会给别人留下好印象。如果你能真诚地赞美别人，你的语言可以像洒在身上的阳光一样温暖，那么别人从你美言善语中感受到的，是你的善良、坦诚、谦虚、阳光和自信。自信的人给予别人的赞美更令人喜欢，你想想是不是这样？你更喜欢自卑的人赞美你，还是自信的人赞美你呢？自信的人内心充满力量，当他赞美你时，你也会感受到这份力量。同样，如果你经常赞美别人，别人也会反馈给你更多的认可和赞美，你会因此越来越自信，内心的力量越来越足。

这部分内容我就介绍如何赞美。曾有很多学员问我："老师，怎么夸人才能夸到点子上呢？"遇到这个问题，我一般都会反问："你觉得，夸和赞美这两个词有没有什么区别？"能清楚回答这个问题的学员并不多，但大多数学员想清楚这个问题后，思路就打开了。赞美并不只是说一句话那么简单。为什么有些人赞美别人的时候，别人会觉得虚、假、别扭呢？因为赞美除了说出的那句话外，还涉及意识、心态、时机和表达技巧的问题。

有些人并不是不会夸人，并不是说不出赞美的话，而是心里别扭，明明对方是自己看不上的人或者没什么可夸的，为什么还要夸对方？这就是赞美的意识和心态问题。夸和赞美这两个概念的确是有区别的，关键在于：赞美，是表里如一的；夸，可能是表里如一的，也可能不是表里如一的。

赞美是什么？是对发自内心的肯定的一种表达。赞美是内外一致、表里如一的。你去景区旅游时，站在山顶感受大自然的鬼斧神工，那种发自内心的感叹就是赞美。赞美是一种自然而然的行为，所以当你赞美别人时，别人会感受到你的真诚。

与赞美相比，夸可能是表里如一的，也可能不是表里如一的。夸，奢也、大也，本义指奢侈、张大，后引申为夸张、浮夸、赞美之意。夸字，上面一个"大"，下面一个"亏"，这个"亏"字能给我们什么启发呢？当你比较浮夸地表达一些事情时，内心多少会有点"虚"。当你刻意把别人说得"大"时，自己就会相对显得"小"，这时你就不是表里如一的，内心会有一种虚幻的落差感，这也是一种"亏"的感觉。为什么自信的人夸别人的时候会显得很真诚？因为自信就会无所谓这种虚幻的落差感，不会有什么"亏"的感觉，自然大大方方。

另外，赞美是个褒义词，而夸是个中性词。当表里如一时，夸和赞美是同一个意思；当表里不一时，夸就有"亏"的成分在，这种亏有时还体现为精力的消耗。因为夸别人时，是要组织语言、调动情绪和耗费精力的，这也是很多人不愿意夸别人的原因，觉得累。你从现在开始要有这样一种意识：无论别人是发自内心地赞美你，还是带着目的夸你，都请感谢他们。从情绪价值的角度看，别人耗费了能量来提高你的情绪感受，这就是一种付出。

同样，你也不必等到赞美的意愿特别强烈时才夸别人。作为一种沟通技巧，夸别人也是日常社交的行为，一样可以有很好的社交效果。老子在《道德经》中说："信言不美，美言不信。"这句话的道理是对的，也很真实。只是对于今天的我们而言，可不可以再进一步，做到"信言亦美，美言亦信"呢？

只要你能够把握好赞美的意识和心态，使用好技巧，把握好时机，就可以做到"信言亦美，美言亦信"。无论是赞美别人还是夸别人，都要尽可能真诚，要恰到好处。下文中，我为你提炼了四种赞美方法，这是我在多年的教研教学中总结出的、学员反馈最为实用和高效的方法，把这些方法融入日常的沟通中，将对改善你的人际关系大有裨益。

## 1. 细节中藏着天使

如何夸别人能夸到点子上呢？这是学习口才的学员最关注的问题之一，也是我在这部分要重点谈论的内容。怎么夸别人？很多人其实是没有思路的，也缺少一些基本的沟通意识，以为把话说出去了就算是夸完了，但实际上别人并没有什么感觉。怎么才能让别人对你的赞美有感觉呢？你首先要建立一种意识，在夸别人时，你可以选择两种倾向的语感：一种是相对模糊的表达，我称之为"泛泛之夸"；另一种是相对清晰的表达，我称之为"具体之夸"。

泛泛之夸是一种对于整体感觉的表达。比如你夸一个人很有气质，这个"气质"就是整体感觉。当使用泛泛之夸的时候，你的语言是相对笼统、感性的，这种情况下如果想让对方有感觉，你需要借用巴纳姆效应的原理。巴纳姆效应说的是，人们常常认为一种笼统的、一般性的人格描述，十分准确地揭示了自己的特点，当人们用一些含糊不清、含义广泛的形容词来描述一个人的时候，对方往往很容易接受，并认为这些描述的就是自己。比如，你说："我感觉你人很善良，平时工作你都会为团队的伙伴着想，也很有担当，有时被人冤枉了也不怎么抱怨。"这种表达方式就是符合巴纳姆效应的泛泛之夸，人们听到别人这样夸自己，多数情况下会接受和认可。

具体之夸是一种对于局部或细节感觉的表达。比如你夸一个人好看，好看是整体感觉，五官精致是更进一步的表达，柳叶弯眉、樱桃小口就是更为精准的细节。与泛泛之夸相比，赞美细节更容易让别人有感觉，尤其是那些看得着、听得见、摸得到的细节，别人更容易理解、感知你夸的内容，感受也会更强烈些，而且你表达起来语言也好组织。比如你的同事刚完成一场演讲，你可以说："你讲得真好。"你也可以说："你台风真好，尤其是号召我们时以手指天的那个动作，有大将之风！"很明显，后一种表达给别人的感觉会更强烈，也更容易让人接受。这部分重点讲解如何通过细节进行赞美。

想一想平时的生活中你更容易因为什么而感动？细节，人们更容易因为细节而感动。一个不经意的举动，一个眼神，一句暖心的话，一件用心的伴手礼，都可以让人感动，细节中藏着天使。如果夸别人的时候，能够表达好细节，你的语言就会像天使一样给人力量。通过细节进行赞美时，你可以使用一个公式：**具体之夸 = 细节 + 感受**。使用这个公式的要点在于，你要对细节有所感受。

什么是细节？细节是可以感觉到的形状、大小、颜色、气味和变化等，但你的表达不能停留于此，而是要在描述细节的基础上再加一些感受。

什么是感受？感受的本质是一种影响。你为什么要赞美别人呢？你就是要用语言告诉对方："你很好！你很重要！你对我产生了积极的影响！"所以，用细节赞美别人时，表达的关键是在描述细节的基础上加上感受。

早上在公司遇到同事时，你可以说："我感觉你戴这种黑框的眼镜，真干练。"这句话就比你说"黑框眼镜真好看"或者"感觉你真干练"要更有感觉。要用好这个公式，还有一个关键就是你要留意细节。当你能够用心留意，抓取别人不容易抓取到的细节的时候，你的赞美就会比别人的赞美更有力量，而且这种力量是可以传递的。

在新励成有一条潜在的行为准则，这条准则在公司的规章制度里找不到，大家平时也不会提起，但都会照这条准则做。这条准则就是，只要有老师在讲课，你离场时就要先鞠一躬。为什么大家会这么做呢？就是因为一次赞美。很多年之前，不是所有人都这么做，只有个别老师会这么做。有一次，在我们的"当众讲话"大课上，有位听课的老师提前离场时，给授课老师鞠了一躬，然后倒退着离开教室，这个细节被来听课的一位嘉宾看到了。在课后的研讨会上，这位嘉宾高度赞扬了这一行为："刚才那位老师背身鞠躬、退出场地，可见他有多尊重老师，我们都应该向他学习。"正是从这次表扬开始，我们教学团队内部就达成了共识，鼓励这种仪式感十足的行为，这一行为后来成了上文所说的潜在的行为准则。一次赞美，改变了一家公司的行为。

"细节+感受"这种方式可以在日常的工作和生活中多加使用，着重细节的夸奖可以让对方有真切的感受，相对于那些泛泛的溢美之词，更能让人体会到你的真诚和用心。

---

**知识**

具体之夸 = 细节 + 感受

**行动**

每天完成最少一次具体之夸，夸不同的人，持续一个月。

---

## 2. 曲线赞美要借力

上文介绍了通过细节赞美别人，这种方法的着力点是对方的感受。这部分内容介绍的方法焦点在自己身上，重点关注自己赞美时的感受。

曾有学员和我交流过一个问题，他说："老师，我也知道沟通时先夸夸别人有利于沟通，但每次要夸别人时我还是会觉得特别扭。"这个问题其实很有代表性，很多人并不是不愿意赞美，而是不善于赞美，担心一开口就夸会不会显得很刻意，会不会让对方觉得自己很冒失。其实完全没有必要担心，你用一种方法就可以自然而然地将赞美说出口，而且自己也不会那么纠结，这种方法就是"曲线赞美"。

曲线赞美是一种借力赞美，借助人、事、物来赞美别人。你可以借他人之口来赞美对方，可以通过某件事情来赞美对方，也可以通过某个物件来赞美对方。曲线赞美相对委婉和含蓄一点，是在沟通开始时比较好的预热方式。

我们公司的企业内训部有位何经理，人缘很好，业务能力也很强。有一次和他去一家企业拜访客户，路上我问他和对方熟不熟。他说第一次见，之前该客户咨询过几次我们的课程，这次特地去拜访一下。到了目的地，客户的助理先接待了我们，何经理询问助理是否可以随便看看，得到许可后，他就开始在客户的办公室转。很多人第一次拜访客户多少会有点拘谨，但他完全没有，好像在自己办公室一样。等客户到了办公室，何经理的第一句话是："张总，桌子上那本《百年孤独》是您的书吗？"张总点头，并示意大家坐下聊。我们一起看看何经理接下来的沟通方式，是否有值得学习的地方。他说："张总，今天来拜访您，本来是想看看您这边的需求，也跟您介绍下我们的产品，但我发现我遇到了一位让我尊敬的人。"当时我和张总的耳朵都竖起来了。何经理又说："我拜访企业家，他们的桌子上放的一般是经管类的书，而您桌上则是《时间简史》和《百年孤独》这种书，还有几本哲学书。在我看来，这些书只有思想深刻、精神层次高的人才会喜欢看。"后面的谈话很自然地沿着《百年孤独》和对马尔克斯的看法展开了，当天的拜访也如期顺利完成。我当时的直观感受是他们这哪是第一次见面啊，看起来更像是老友叙旧，整个沟通的过程非常顺利，双方也非常开心。俗话说好的开始是成功的一半，对于沟通而言也一样，曲线赞美就是一种好的开始方式。何经理通过一本书完成了对张总的赞美，也让后面的沟通变得顺畅。

掌握了曲线赞美，就不必再为怎么开口的问题而纠结了。当你再纠结时，你就告诉自己："我可以用曲线赞美。"曲线赞美的作用决定它可以在一些不便于直接夸奖的场景中使用，比如两个人不太熟的时候，面对异性长辈的时候，不专业的人面对专业的人的时候。两个人不太熟时直接夸对方会显得是在刻意恭维，容易引起反感。面对异性长辈的时候，直接赞美可能会有失礼节。不专业的人直接夸奖专业的人，会有一种关公面前要大刀的感觉，会让对方感到被冒犯。面对这些情况时，使用曲线赞美就比较合适：面对不熟的人时，可以借物夸人；面对异性长辈的时候，可以借他人之口夸人，借用另一位长辈或者晚辈的话来夸；不专业的人面对专业的人时，可以借事夸人，因为事情做得好，所以做事的人就更好。曲线赞美如下图所示。

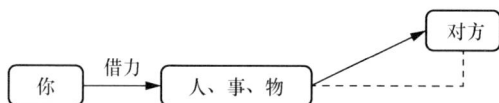

中间借力的内容不是重点，重点是要用所借之人、事、物托起对方，你的语言不要停留在借力的内容上，而要转向衬托对方的好。

在使用曲线赞美的时候，还要注意一个问题，一个很多人会出现的问题：把握不好赞美和评价的火候。明明是在夸别人，结果别人感受到的却是评价，一旦让别人感觉你在点评他，那赞美就变味了。这种情况时常出现在不专业的人面对专业的人的时候。

有一次公司和一位广州很有名的摄影师约好拍我们的讲师团队职业照。拍摄场地有很多约好了等着拍摄的人，有位客人沟通的意识很好，一边翻看摄影师的作品一边说："你的摄影技术挺好啊，照片水准挺高。"我猜这位客人的本意是想夸一下摄影师，但她的表情和语气所透露出来的那种高高在上的感觉，让人觉得她是在点评摄影师的作品。摄影师很礼貌，点头示意了一下，但微表情还是透露出了一丝反感。快到我们时，一位老师走到摄影师身边说："我们有位陈老师，总说您不仅人长得帅，拍出来的片子也大气、有质感。我今天在现场看到您的作品，太有感觉了！一会儿拍片给老师添麻烦了！"摄影师听完说："谢谢，你准备一下吧。"能明显感觉到的是，拍摄时摄影师对这位老师更有耐心。这位老师用的赞美方法就是曲线赞美，既借了陈老师之口，也借了现场的作品。如果直接夸对方的审美和技术，可能会把握不好语感，给人一种评判而非赞美的感觉，使用曲线赞美，度就更好把握一些。

在我们的社会和文化背景下，维护婆媳关系也非常适合用曲线赞美。如果你是位男士，我给你的建议是，平时多在婆婆面前说媳妇夸她了，也多在媳妇面前说婆婆夸她了，一直这么做，你的家庭关系就会越来越好。这种沟通平时要多进行，不必很刻意，但效果会很好。

其实，曲线赞美适用于大多数沟通场景，而且有时候对方的性格让你不得不使用曲线赞美。有些人比较含蓄内敛，你当面直接夸奖，他还磨不开面子，过于直白地夸奖效果并不一定好。曲线赞美还有一个好处，当你借他人之口赞美的时候，因为有第三人信息的介入，被你赞美的体验会变"厚"，赞美的可信度也会提升。除此之外，你还能通过这种方式让对方和第三人建立更深的连接。在平时的人际交往中，多做一些积口德的事情，要相信"爱出者爱返"。希望你看完这部分内容，未来多使用曲线赞美。

> **知识**
>
> 曲线赞美要借"人、事、物"来衬托对方（参考曲线赞美图）。
>
> **行动**
>
> 每天完成最少一次曲线赞美，观察关系质量的变化，持续一个月。

## 3. 夸夸镜子里的人

几年前给一个女装品牌做企业文化咨询，到门店和员工交流

14

时，有位大区"销冠"给我留下了深刻的印象：每次服务客人，她都会和客人在镜子前有说有笑。我问她都和客人聊什么。她说："我主要就是夸夸客人呗，夸她们好看，还有穿搭展现出的优点，而且我会站在客人的角度和她们一起欣赏这些优点。"我在旁边观察时，发现她和其他销售给人的感觉完全不一样，别的销售给客人的感觉是在销售，而她给人的感觉是她好像是和客人一起来的朋友。这就是关键。她无疑是个沟通高手，她和客人沟通时有个细节，那就是她不会在客人的对面进行夸奖，而是和客人站在一起，从同一视角看向镜子时才会夸奖，这样夸客人比站在客人的对面夸显得更加真诚而自然。沟通时用的不光有文字语言，还有情绪语言和肢体语言，这些都很重要。

从心理学的角度来看，这位"销冠"夸奖客人的细节，暗合了同理心沟通和镜子效应，所以她的沟通效果非常好。当你和对方站在一起，从同一个视角欣赏时，对方下意识会觉得你是站在同样的立场和视角去看问题的，这时你所说的也就更容易被对方接受。这种感觉就是我们平时说的同理心沟通。同理心沟通的关键是能从对方的立场和视角出发来看问题。更重要的是，这种沟通方式也符合镜子效应的机理。当你夸镜子里的人时，使用的是一种曲线赞美，借着镜子中的镜像夸照镜子的人。正如去朋友的画展，你夸的不是画，而是作画的人。

那什么是镜子效应呢？"销冠"所用的方式利用了狭义的镜子效应。狭义的镜子效应，是指当你照镜子时，镜子会对你的状态进行直观的呈现。除了狭义的镜子效应，还有广义的镜子效应，后者所说的"镜子"指一切对你的状态有反应的人、事、物，你可以通过其反观自己的存在。《旧唐书·魏徵传》中唐太宗说："夫以铜为镜，可以正衣冠；以史为镜，可以知兴替；以人为镜，可以明得失。"这句话既提到了狭义的镜子效应，又提到了广义的镜子效应。现在我把镜子效应的内涵拆分为三点。

第一，人对自己的判断，不完全自信和确定，需要"镜子"。

第二，照镜子可以帮助人通过比对外在反观自己。

第三，反观自己可以帮助修正内在，继而影响外在。

日常赞美使用更多的还是广义的镜子效应，可以借物、借事、借人。如果我们单看"以人为镜"，镜子效应在人际关系方面也可以给我们一些启发。正因为人都是不完美的，每个人对自己的判断都可能出现偏差，人与人之间才存在相互支持和影响的空间，也就有了通过沟通来影响彼此的可能。当你处在人生低谷时，可能会暂时失去自信和勇气，可能被眼前的情况所蒙蔽，也可能轻易地就否定自己，这时家人和朋友给你的鼓励和赞美，就是你的镜子，可以让你看清自己，重拾自信。我有个朋友，是两个孩子的妈妈。她在和我们分享育儿之道的时候，就常常分享如何用镜子效应进行亲子沟通。她总是能站在孩子的角度理解孩子，然后再站在妈妈的角度给予孩子教导，我觉得她特别有智慧。

那如何使用好镜子效应呢？可以用逆向思维来考虑这个问题。很多人每天都会照镜子，这个过程是人找镜子照。如果反过来想呢？是否可以让镜子自动找人呢？你是不是可以每天把自己当作镜子给别人照一下呢？你作为镜子反射真诚的赞美，别人也会因为你的认可和赞美而受到鼓舞。当你用镜子效应赞美的时候，选择语言并不难，难点在于你是否能够转换一下表达的角度，让对方能够感受到你是从他的角度出发的。这种感觉非常重要，对方有这种感觉后，你说的话他才会听，才会照照你给他的"镜子"。你要通过镜子衬托出对方的好。你每天都可以把自己当作镜子，然后夸夸照镜子的人。思路转变后，你就可以使用好镜子效应了。

之前有位广州番禺的学员，每次上课都是第一个到学训中心，自己先在讲台上练习，我们的老师很感动，鼓励他："在我的印象里，你是最认真、努力的，现在我发现你不仅认真、努力，还最能坚持，为你的状态点赞。"因为老师的鼓励，这位学员不仅和其他学员打成一片，建立了很好的交际圈子，而且演讲水平也突飞猛进。老师的鼓励正是利用了镜子效应，"照镜子"对比，说出来的感觉就是"你比好的更好"，用这样的赞美方式是很容易夸到别人心里的。

　　使用镜子效应赞美，有个细节要注意：要用好的对比好的，而不能用不好的来对比。比如你夸一位女生好看，你可以对她说："咱们这层楼有好几个女生真好看，但是一看到你，我就忘了她们了。"如果你说："咱们这层楼的女生真难看啊，还是你好看。"是不是感觉怪怪的？用好的对比好的，这种赞美的感觉是上楼梯的感觉，一阶更比一阶高。如果用不好的对比好的，感觉就不是赞美了，而只是对比。

　　镜子效应如果用好了，对你日常的沟通大有裨益。它不仅可以帮助你调整赞美角度，还可以帮助你调整心理状态。如果你照镜子的时候，看到自己的头发乱了，你会怎么做？拨弄一下自己的头发，还是去收拾镜子里那个人的头发？这个问题听起来有些荒唐，谁会去收拾镜子里的头发啊！可如果把"镜子"换成"别人对你的态度"呢？当别人对你的态度不好时，你是进行自检，还是盯着别人对你的态度？

## 4. 给粉色花盆浇浇水

　　一个年近 40 岁、长着络腮胡子、体重 200 斤的壮汉，坐在你对面抽泣，请问你有过这种体验吗？我有过。在征得了他本人的同意后，我现在把这个故事讲出来。

　　他是一位上过我的课的学员，在课堂上，他的言行都是正常的，但他有个隐秘的爱好——插花。你能想象到这个画面吗？一个彪形大汉，掐着兰花指摆弄一束束花。他其实打小就喜欢摆弄花花草草，是那种骨子里带着的喜欢，但在他的回忆里满是周围人的白眼和嘲笑，还有父母严厉的批评："一个男的弄这些干什么，丢人不！"结婚后，他开始对插花情有独钟。他尝试性地向妻子表露过一次，结果遭到了一顿挖苦，从此陷入了自我怀疑之中，也不再跟周围的人吐露这些心事。

当他第一次给我展示他的爱好和作品时，说实话那一刻我也是有些诧异的，但他的插花的确好看，我当时就赞美了他。赞美是有力量的，他哭了，哭得很委屈、很伤心，面对一个哭泣的彪形大汉，我也是手足无措的，只能默默地陪着。他一边哽咽一边说："老师，谢谢你！"其实看到他的作品时，我并不是特意鼓励他，只是单纯地因为好看而赞美了一番，但对于他来说，长时间的压抑，让他心里的那个花盆早已干涸，而真诚的赞美润泽了它。

很久之后，我收到了一个包裹，里面装着一个粉色的小花盆，上面刻着一行字："这是我的获奖作品，它属于你。"现在这个粉色的小花盆，还在我家阳台摆着，和一众瓦色的花盆在一起，突兀而美丽。

为什么一句赞美会对学员有这么强烈的影响呢？并不是我的语言多有力量，而是因为心理补偿机制起了作用。我们是群体动物，并不是一个人孤零零地活在这个世界上，我们需要关心、照顾、认可、尊重和赞美，这是我们的共性。但我们每个人又有自己的个性，只是有时别人无法理解你的个性，就会产生偏见。如果这种偏见可以消除，心理未被满足的那部分需求就得到了补偿，但如果这种偏见无法消除，粉色的小花盆就会干涸。其实，我们的内心都有一个**"粉色的小花盆"**，需要别人浇浇水。那什么么是心理补偿机制呢？

心理补偿机制是一种心理适应机制，人在适应环境的过程中，会对自己产生认知，认识到自己的短处和缺陷时会产生自卑感。同时，认知会存在偏差，认知偏差会带来心理的落差。面对自卑感和心理落差，为得到补偿，人就会主动发展自己的长处或寻求别人的认同和安慰，以获得心理适应。

为了更方便地在沟通中应用心理补偿机制，可以把心理补偿机制分为两种：一种是有预期的心理补偿，另一种是没有预期的心理补偿。当你的女朋友问你"这件衣服好看吗"时，她对你的回答是有预期的，符合或者超出这个预期就会给她带来正面的情绪。当你的领导问你"你觉得这个方案怎么样，给点建议吧"时，他对你的回复也是有预期的，很有可能他只想让你再确认一下他的方案是可行的。这两种情况都是有预期的心理补偿。

还有一种是没有预期的心理补偿，不过它不是真的没有预期，而是这种需求是隐性的、潜在的。比如送我粉色花盆的学员，他想获得接纳和认可，但一直求而不得，他跟我聊天也没有期待我会怎样，但我突如其来的赞美让他心里的潜在需求被激发，并得到了补偿。在社会中，每个人都可能面对不被接纳和认可的情况，因为人对某个群体或某类事物会有刻板印象，比如说到程序员的头发，你会想到什么？我们不喜欢"地域黑"和"身份黑"，不喜欢别人对我们妄加评判，正是因为这种刻板印象的存在。我们喜欢别人打破刻板印象后对我们产生的真实的认知：我是一位程序员，但我一样作息规律、脊椎健康、头发浓密。当你在夸一位程序员时，你可以说："你技术真好！"你也可以说："你怎么衣品和技术都这么好！"每个人都可能因被误解而委屈，同时每个人的内心也都有柔软的地方。所以，在平时把心理补偿机制融入你的赞美，你的赞美就可以夸到对方的心坎里。

别人眼中的你和真实的你，永远不可能完全一样，偏见会一直存在。《傲慢与偏见》中有一句话："爱是摒弃傲慢与偏见后的曙光。"我想说，是赞美让人们感受到了曙光的温暖，是赞美将爱传递。

> **知识**
>
> 人不是完美的，心理补偿机制在每个人的身上都有体现。
>
> **行动**
>
> 爱是摒弃傲慢与偏见后的曙光，用你真诚的赞美让别人开心起来，持续做，观察别人对你的态度和与你关系质量的转变。

## 二、选好时机，赞美才更有效果

你有过这种感觉吗？有人夸你，但是你却很不自在，你知道对方想夸你，但是你感受不到真诚，你感受到的是对方在很刻意、很努力地夸你，这种感觉真的太糟糕了。有时你明明夸了对方，也很真诚，但为什么对方就没反应或感觉不舒服呢？原因之一很可能是时机不对。

赞美的目的，在于对方的正向反馈，对方会因为你的赞美而心情愉悦、受到激励、感到欣慰、变得开心、精神振奋、更认可你等，这些都是正向的反馈。有正向反馈的赞美才是有效果的赞美。要想赞美有效果，要把握好两个关键：一个是上文说的表达方式和技巧，另一个就是时机。

另外，除了自己的状态、情绪和表达方式要合适之外，还要看沟通时所处的环境及对方的状态和情绪。有些赞美要直截了当，有些需要委婉含蓄，有些赞美适合当时就说，有些可能缓缓以后说更有力量。时机把握得好，赞美就会事半功倍。

## 1. 小红花，要及时赞美

记得上小学的时候，如果班上谁考了第一，老师就会当着全班同学的面给他戴上一朵小红花。我很幸运，三年级时戴过一回，而且那回的情况很特别。平时同学们戴的都是红色的纸花，但那次可能是没库存了，老师灵机一动，去操场边给我摘了一朵鲜花。我现在还记得那花的香味，第一名的香味。

那天戴上小红花后，我上课背挺得特别直。放学铃刚响，我就一个箭步蹿出教室，一口气跑到我妈的办公室，满头大汗、喘着粗气说："妈，我考了第一！"原本期待着妈妈特高兴地说"儿子真棒"，结果妈妈坐在那儿，只是淡淡地说了句"好，坐那边休息一会儿吧"就继续工作了，我当时特别失落。因为憋屈，那天我晚饭都没吃，直到快睡觉时都没脱校服，最后受不了了，跑到我妈床边委屈巴巴地说："妈妈，快夸我吧，要不明天小红花就蔫了。"

我妈一下子被我给逗乐了，赶紧抱着我的头："好的，儿子，妈妈今天太忙了，忘记表扬你了，你还没吃饭呢，想吃啥妈妈给你做。"妈妈表扬完，我特别开心，消灭了一桌子菜。也是从那一天起，我懂得了一个道理：**送出赞美"小红花"要在今天，明天花可能就蔫了**。鲜花都是有保鲜期的，要在它绽放的时候及时赞美，关键是及时。

想得到"小红花"是人的天性，我们都有被喜欢、被认可、

被赞美的心理需求，小孩子有，大人也一样有。

我曾经给一对年轻夫妻做辅导，他们找到我的时候已经在离婚的边缘了。其实原本不至于走到这一步。他们表面的矛盾是妻子总说丈夫不爱她了，但丈夫不明白，努力赚钱养家怎么就不爱了呢？妻子说得多了，丈夫就懒得回应了，时不时地冷战。深入交流后，我分别和他们约定要积极面对这个问题，并且对我们之间的约定保密。

我对丈夫说："每天坚持做两件事，哪怕现在内心不一定想，也要做，因为这些事并不难，你都能轻松地做好。一件是早上起来亲一下妻子，额头、脸颊都可以，无论她什么反应都轻轻地吻下去。另一件是每天赞美妻子，最少一次，因为一件衣服、一件首饰、一道菜、一次对你的认可和赞美都可以，发现了马上赞美她，要心平气和，要发自肺腑地赞美，绝对不能阴阳怪气。"他答应了我。

我对妻子说："每天坚持做两件事。一件是下班之前联系一下丈夫，询问他是否回家和自己一起吃饭，如果不回家吃饭，大概什么时间回家，约定好最晚时间。无论他回来得是否准时，都以平常心对待，他回来晚了可以自己先睡。说话时语气平和，不要咬牙切齿，不要用冷暴力，比如回来晚了就要怎样怎样。另一件是如果丈夫按照约定时间回家了，睡觉前可以给他捏捏小腿、捏捏脚，无论他愿不愿意都去捏两下，他愿意就多捏一会儿。扎扎实实地捏也行，象征性地捏一会儿也行。他愿意聊点儿白天的事就聊，不说话也行。捏完了如果心情好，说句'工作辛苦了'，心情一般，不愿意说，也行。"她也答应我了。

当时我们约定的是坚持一个月的时间，结果怎样呢？十多天后，这位妻子给我打电话说："老师，周末是否有时间，可以出来坐坐吗？我们夫妻俩想请你吃个饭。"我说这是啥情况啊，她说："我们现在又开始盖一床被子睡觉了。"

其实这种情况很多夫妻也经历过，处理好了就可以顺利地挺过来。可能你会觉得上面约定的做法有些牵强，但对于当时的夫妻二人而言，这些做法可能是效果最好的选择了。夫妻之间产生问题要看症结在哪里，他们能来找我就说明二人的关系还有挽回的余地。其实他们的根本问题只有一个：日常沟通中及时、正面的反馈太少了。很多人亲密关系的冷淡是"冰冻三尺非一日之寒"，最好的处理方式就是从及时、正面的反馈开始，让双方心底的冰雪一点点消融。

在平时的沟通中，一个确认的眼神、一个积极的回应、一次及时的赞美，可以提升当下的安全感和幸福感，这些对于提升生活的品质是非常重要的，很多人因为生活的压力忽略了这些是得不偿失的。我们都知道生活中女人需要被关注、被看见，男人需要被理解、被尊重，但是你会怎么表达你关注了，你看见了，你理解了，你是尊重对方的呢？及时回应、赞美和肯定。妻子今天很开心，穿了一条漂亮裙子，你三天后才想起来赞美她，她可能自己都忘记那天穿的是什么了，那赞美的效果不就打折扣了吗？

日子得一天天过，饭得一口口吃，话要一句句好好说。以后的日子里，如果对方需要你的回应，请记得及时给对方"戴上小红花"，让你的赞美在当时绽放。

这里提炼一下对及时赞美的理解，结果如下图所示。射线原点代表沟通的当时，射线代表关系延续的时间，进行及时的赞美是因为对方对你此刻的反馈有期待，如果对方有期待，那就是好时机。

图中射线的部分是随时间而延续的，如果事情发生的当时是原点，在原点右面部分进行的赞美，就被称为"延时赞美"。

知识

> 及时赞美的关键在于，当时对方是否期待你的反馈。

行动

> 每天捕捉到至少一次及时赞美的时机，并用前文所说的方式进行赞美，持续一个月。

## 2. 延时赞美，要借东风

无论是职场上还是生活中，交际节奏都是很重要的。上一部分介绍了及时赞美，这部分介绍另外一种节奏的赞美——延时赞美。

什么是延时赞美呢？其实不难理解，假如你正在打一场篮球比赛，队友突然来了一记超帅的扣篮，你马上就夸："兄弟，太帅了！"这是及时赞美。等比赛结束后你们聚餐时，你端着一杯酒和队友说："兄弟，敬你，今天那个暴扣太帅了！"这就是延时赞美。如果这次聚餐你没夸队友，下一场比赛开始时，为了激励队友，你对他说："再来一个暴扣吧，上一场的那种，我还想看。"这也是延时赞美。

当你想赞美一个人时，你可以马上就夸，如果当时不便于表达，也可以等合适的机会时再表达。选择使用及时赞美还是延时赞美，主要不是看想不想，而是看赞美的时机对不对，这是一个沟通节奏的问题。为什么有些人夸你的时候你会不舒服？不一定是对方说的话有什么问题，很可能是因为时机不对、场合不对。

看了这部分内容，你就不必因为该赞美而没赞美的事情纠结了，如果这次想赞美但没表达出来，就留到以后有更好的机会时再表达，及时赞美还是延时赞美是一种选择。怎么才能做出更好的选择呢？先看看及时赞美和延时赞美的区别和联系。

无论及时赞美还是延时赞美，都是节奏和时机的选择。这个问题就好比在上班时，同事给了你一个苹果，你是当天就给对方一个橘子呢，还是过几天给对方几根香蕉呢？选择赞美的时机主要看两个条件，这两个条件可以帮助你判断你该在什么时间赞美。

第一个条件是对方当时是否对你有期待。如果对方当时对你的反馈和赞美有期待，你就选择及时赞美；如果对方当时并不期望你有反馈和赞美，你就可以选择延时赞美，把这次想说的话留作以后沟通的话题。

第二个条件比较隐蔽，相对来说难以把握，就是你当时要判断赞美的内容，未来是否可以"借东风"。"借东风"是《三国演义》第四十九回中的故事，讲的是诸葛亮于仲冬时节作法借三日三夜东南风，助周瑜火攻破曹操大军，后用来比喻借势而为。把握好第二个条件需要你有一定的人际关系敏感度，要能够记得别人的好和一些细节，同时还要能够借"势"而夸。

怎么从感性上来判断什么是借"势"呢？如果对方夸的是你过去的事情，但此刻你听的时候没"违和感"，不觉得突兀和刻意，反而还会觉得对方心挺细，那么就可以认为对方的延时赞美借到"东风"了。

回到理性的角度，在选择赞美时机的时候也可以通过"借东风"的方式来进行，如果"东风"借得好，延时赞美也会有超预期的效果。那什么是"东风"呢？

　　这里说的"东风"主要有两种：一种跟人相关，另一种跟事相关。跟人相关的主要指人的情绪状态，跟事相关的主要指与事情的相关性。下面介绍如何找到这两种"东风"，把握好赞美的时机。

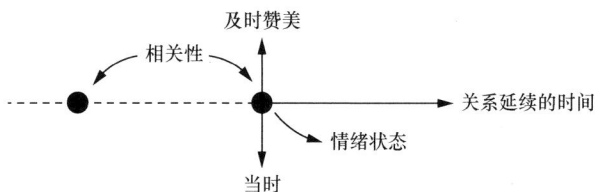

　　第一种延时赞美的时机，是对方情绪处于极值状态时，极值状态就是情绪处于高位或低位。人的情绪通常呈波动状态，有高位和低位，也有逐渐变坏和变好的过程。在对方的情绪波动过程中，情绪处于高位或低位时是最好的赞美时机。这时人的内在情绪力量是最足的，也最容易被激发。

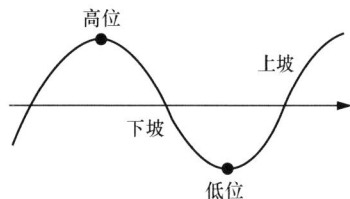

如果你能在对方情绪处于极值状态时赞美对方，就能收到最好的效果。在华为公司有一句话：胜则举杯相庆，败则拼死相救。这句话说的就是这个道理。当同事顺利完成一个项目后，你们要一起庆祝，把你最真诚的赞美送给他。当同事的项目陷入困境时，你拼死相救就是在告诉他：你可以的，不用感到沮丧，你还是那个优秀的你，我们来救你了。

在对方处于极值状态时和他的情绪共振，就像球场看台上球迷们的山呼海啸，是对进球球员最好的赞美一样。

第二种延时赞美的时机，与事情的相关性有关。这种情况下的赞美是一种借势夸人，也是一种借事夸人。前文介绍过曲线赞美。曲线赞美的时候就可以借事夸人，所以借事夸人既是夸别人的一种方法，也体现了对时机的选择。其实选择好的时机并不难，只要抓住了事情的关键，就可以让赞美的效果加倍。借事夸人的关键就是前后两件事情的相关性。

2019 年有一次全国性的演讲大赛，赛前有位参赛选手在选手区外踱步，神色有些紧张。新励成的一位辅导教练看到了，走到他身边鼓励他。当时距离他上台还有不到一小时的时间，如果是你，你会怎么鼓励他？很多人鼓励别人上台演讲时都会说："别紧张！放松，不要紧张！"但结果往往是演讲者变得更紧张了。我们的这位辅导教练当时是这么说的："快比赛了哈，感觉你还挺兴奋。我记得上次你在海珠学训中心的演讲，真的太精彩了，台风特稳，而且你的动作特别有劲。加油啊！"
对一些演讲比赛选手而言，如果在这个时间点不对他们的心理
状态进行干预，他们的演讲大概率就要砸了。我们这位辅导
教练很专业，他用的方式就是通过延时赞美进行鼓励，而且
这位教练提及的点都是这位选手的强项和出彩的地方。在当
时的情况下，用语言告诉选手"不要紧张"是没用的，要用
语言确认他的强项，暗示他着重发挥强项才是正确的干预思
路。当然结果也很好，最后这位选手顺利进入前三名，赛后
也专门感谢了我们这位教练。

如果说及时赞美是有感而发的，那延时赞美往往带着明确的
目的，可能是要鼓励对方、安慰对方或驱动对方去做一件事等。
我们的辅导教练赞美这位选手的目的就是使他消除紧张、正常发
挥，最后的效果很好，达到了预期的目标。为什么这次延时赞
美可以产生效果呢？关键是相关性。当你的延时赞美能够从两
件事的相关性中借力，对方就不会觉得突兀，也不会觉得你在
刻意做什么，因为你说两件事时的逻辑是自洽的。

要确定借事夸人的最佳时机，你需要找到两件事的相关
性，同时，你的表达也不要让对方觉得你很刻意，要给人一种
不经意间脱口而出的感觉。这种感觉会让对方更加觉得把这两
件事放在一起是自然而然的，而且对方还会觉得你很有心，能
够记得他以前的细节，对他很关注，对方的这种心理状态也会

使他更容易接受你的赞美和认可。

这种方法还可以用于你想让别人做事时。比如对你的下属，你原来可能会说："小张，这周内你把知识产权这件事做了。"你现在可以说："小张，上次知识产权的工作，我觉得你做得很细致，效率也很高，这次任务也靠你了，这周内没问题吧？"同样的一件事，相比于直接强势的表达方式，后面的这种普适性更好，也让人心里更舒服，更愿意去做。

这里归纳一下对于延时赞美的理解。延时赞美是带着明确目的的一种赞美方式，选择时机时主要考虑人的情绪状态和事情的相关性。成功的延时赞美可以让你的赞美特别自然地被对方接受，能够起到很好的激励、鼓励、安慰的效果。延时赞美适用的场景非常多，未来可以多使用。

---

知识

延时赞美要借势才会让人感觉自然，借势的重点是看准人的情绪状态和事情的相关性。

行动

如果要安慰别人或驱动别人做事，使用延时赞美，体会一下对方对你的态度是否有变化。

---

# 第二章

# 拒绝，是人生的一种态度

# 一、高情商拒绝的三个核心意识

人这辈子，一定会有一种经历：被别人拒绝。同样，人也一定会面对一个问题：如何拒绝别人。在开始写这一章之前，我特意查了新励成研究院的问卷库，问卷库中有个问题：你觉得哪种沟通最难？不出所料，在众多答案中，"拒绝"的出现次数高居第一。

很多人不知道该如何拒绝别人，有时是因为磨不开面子，害怕伤害了关系，有时则是真的不知道话该如何说。问卷库中还有一个问题：你觉得赞美别人更难，还是拒绝别人更难？答案各种各样，但在做选择时，九成以上的人认为拒绝更难。

有人答："我可以不赞美别人，但我必须拒绝别人。"

有人答："与拒绝相比，赞美别人的心理压力还是小点。"

还有人答："领导的意思，我真的可以拒绝吗？真的可以吗？"

为什么人们大多认为拒绝要比赞美难呢？如果一个人赞美你，即使口拙，说话不利索，你也能接收到对方的好意，哪怕对方有点违心，也可以理解，你多半不会有什么负面的情绪。但是，如果你拒绝一个人，因为口拙，语言处理得不好，对方产生负面的情绪是大概率的，甚至有可能记恨你。

从结果的角度来看，拒绝对人际关系的破坏性更大一些，对一个人的情商要求更高，要求人考虑的问题也更复杂。拒绝需要人通过努力练好口才、学会洞察人性才可以处理得很好。只要你能够处理好拒绝，你的社交质量就会发生质变。我经常对学员说一句话："拒绝是人生的必修课，如果善于拒绝，你就可以解决人生 95% 的问题。"

学习沟通、练习口才是为了更好地建立和维护人际关系，让你对其他人产生正向的影响力，而不是为了破坏这一切。你采用的方式对方是否能够接受，心里是否好受，是否伤害了其面子和自尊心，这都很重要。拒绝处理得妥当，你们还是朋友，处理得不好，朋友变敌人。**除了要有拒绝别人的能力，还要有处理别人拒绝的能力。**这一章重点讲解如何高情商地拒绝别人，以及如何处理别人的拒绝，从底层理解拒绝并形成方法，以便你以后应对时轻车熟路。

## 1. 情商，是两种能力

每当和人聊起情商这个话题时，我都会想起一位女学员。在写这部分内容时，我第一时间想到的还是她，不是因为她的情商有多高，而是因为她曾经受过伤。之前，她轻信"高情商，就是让别人舒服"这句话，差点因此失去了美好的生活。人生都会有迷茫期，很难一辈子都清醒，这很正常。她找到我时，婚姻和事业已经出了问题，整个人的状态很糟糕，沮丧、焦虑、懊恼、无助，这些词都可以用来形容她当时的状态。

在给她做人际关系辅导的过程中，我发现她有讨好型人格的一面，就连跟我沟通时，都有过度迎合和迁就我的行为出现。她出生在一个重男轻女的家庭，童年时几乎始终被长辈忽略，同时还要照顾被溺爱的哥哥和弟弟。她一路带着这个暗伤长大，心底一直有一个声音在呐喊："凭什么啊！我一定要活出个样来，让你们知道你们错了，我可以比男孩子强。"

有些学员跟她的情况特别像，他们所有的努力都是为了向家人证明自己。有了这种心态，交际行为往往会走向两个极端：因为有实力而变得对周围的人很强势，甚至刻薄；因为没实力而刻意讨好周围的人。在给她做辅导的过程中，我费了些功夫才改变了她的想法，因为这些想法在她心中扎得实在太深了。当时我们聊的重点问题就是，情商到底是什么？

高情商，就是让人舒服吗？当然不是，这句话误导了很多人。很多学员都向我提出过一个明确的学习需求："老师，我想提高自己的情商。"但当我反问他们"你指的情商是什么"时，他们基本说不清楚。遇到这种情况，我都会对学员说一句话："在提高情商之前，先记住一句话——情商，是一种交换能力，提高情商的过程就是提升交换能力的过程。"

交换，不是以一个人为中心的。如果你在与别人相处的过程中，一味地以别人为中心，一味地付出而得不到回馈，时间久了心里就会觉得不平衡，最后受伤的一定是你。如果你一味地以自己为中心，你也很有可能因为自私和自大而遭人排斥，最后受伤的还是你。什么是交换？交换是一种两个人之间的关系。说回情商，如果我们用大白话来表达，**情商就是通过照顾别人的感受换回自己所需的东西**。你需要的可能是对方的认可，可能是对方的尊重，可能是一份合同，也可能只是对方的一句关心。这种需要是交换，不是单方面的满足，一味牺牲自己的需求去满足别人，这不是高情商，这是自虐。

当我和她达成了这个初步的共识后，又分享了进一步的理解：**情商，是对彼此情绪和情感的感知能力和处理能力。**我们可以从这句话中拆分出五个关键词：彼此、情绪、情感、敏感度和处理。

彼此这个词，说明情商指的并不是单向关系，而是双向关系，如果要提高情商，就要对人性、对彼此都有理解，知己知彼。

提高对情绪和情感的感知能力有两个关键。首先是正视情绪和情感存在的客观性。一般来说，性别和年龄不同，情绪和情感的激烈程度和处理能力就会不同。其次是情绪和情感的主观性。每个人表达情绪的方式是不同的，提高敏感度还是要做到知己知彼，把注意力放在对方身上，多观察，多留意对方行为的细节，细节观察到位了，才能高情商地处理问题。高情商的处理方式往往能照顾到双方甚至多方的情绪和情感，让大家心里舒服，同时，问题又能得到妥善的解决。

由此可以看出，情商体现的不是一种专项能力，而是一个人的综合能力。平时你觉得会说话的人情商高，可能还刻意模仿他们说话，但说话方式只是表象。如果你真想提高情商，更需要重视的是四个底层原因：**自重感、人际敏感度、同理心和人类情感**。如下图所示。

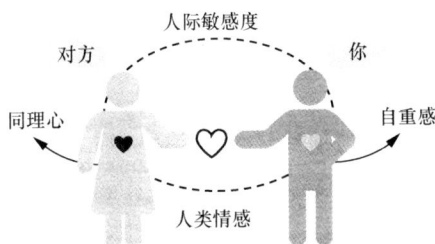

（1）自重感。

这里指自己觉得自己很重要的感觉。自重感对于人生的成就感和幸福感都非常重要，觉得自己不重要，没什么价值，就很容易降低对自己的要求，对自己的要求低了，对很多事情的标准往往就低了。

求其上者得其中，求其中者得其下，自重感的反面是破罐子破摔，如果再加上些时运不济，这个人就很容易对所处的环境产生负面评价，继而进入深层的自我否定、怀疑和悲观。如果人进入这种状态，不仅不会照顾别人的感受，而且还会带着很强的攻击性，用能够伤害别人来证明自己还可以，以掩盖内心的虚空。

连自己都否定的人怎么会带给别人真正的力量呢？如果一个人要提高情商，最根本的还是要有蓬勃的生命状态、丰盈的内心、良好的人际关系、一技之长、健康的兴趣爱好。这些都可以提升一个人的自信和自重感，一个人内心有了足够的力量，才能更好地照顾别人的感受。

（2）人际敏感度。

这里指对交际行为的敏感程度。有些人对颜色敏感，有些人对声音敏感，有些人对气味敏感，有些人对人敏感。很多家长在教育孩子的时候，会告诉孩子要有"眼力见儿"。眼力见儿就是一种敏感，它有两个关键点：一个是要留意别人，把注意力放在别人身上；另一个是对细节反应迅速，比如看到长辈想喝水，你就起身去倒一杯。要提高情商就要提高人际敏感度，你对别人都不关心，看都不看一眼，那谈何情商？你只要对别人投入精力，就能观察到关键的细节，对于别人很多下意识的行为，你的本能和经验会告诉你该如何应对。

人际敏感度是个综合的概念，其中的重点是对别人即刻情绪的把握和对动机的判断。人们做事情的底层动机是不一样的，有人因为肩负使命，有人因为爱慕虚荣，有人因为追逐利益……做好判断可以帮你选择更妥当的处理方式，处理方式得当，大家的感受才会好。

（3）同理心。

拥有同理心的关键是与对方站在同一立场，处于同一视角。前文提及的镜子效应其实就是一种同理心状态——两个人站在一起看镜子。你可以想象一下两个同心圆：圆心表示立场，扇形夹角表示视角，两个扇形相交的部分表示两个人的同理心部分。如下图所示。

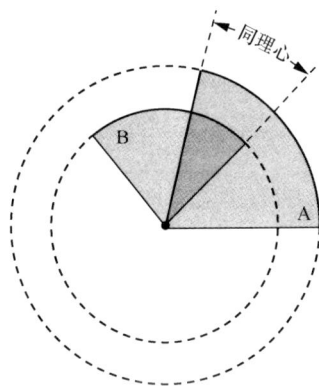

同心圆图

可见，即使相交的部分面积很大，两个人拥有完全相同的立场和视角的概率也是很小的。真正有同理心的人能对别人的价值观、处境、情绪和需求进行整体判断，能够设身处地地把自己代入别人的角色里，这有点像演员要演好一个角色时的感觉，但不同的人对同一个人的感受是有差别的，就好像两个演员演同一个角色呈现的感觉不同一样。

以同理心进行沟通，你的语言就会发生改变，别人的感受也会更好。比如新励成平时进行师资培训时，会要求老师上课时使用一种表达方式，当想知道学员听没听懂时，不要问学员："你们听懂了吗？"而要说："同学们，我讲清楚了吗？"学员对这两句话的感受是不同的，这就是以同理心沟通对感受的影响。

（4）人类情感。

人类情感是对人、事及其他外界物品的看待方式的体现。越是以平常心处理这些情感，处理人际关系时就会越镇定从容，考虑得更周到，这种周到也是一种高情商的表现。

关于情商是什么这个问题，可以总结为两句话：

● 情商，是一种交换能力，通过照顾别人的感受，换回自己所需的东西；

● 情商，是对彼此情绪与情感的感知能力和处理能力。

如果这两句话你都理解和接受了，那理解拒绝就容易很多了。下文介绍如何高情商地拒绝。

---

1. 情商是一种交换能力。

2. 情商是通过照顾别人的感受，获得自己所需的东西。

3. 情商是对彼此情绪与情感的感知能力和处理能力。

背诵上面这三句有关情商的话。

---

## 2. 拒绝的第一步是拒绝内耗

有一次正在开课程评审会议，我的手机突然响了，是一位我辅导的学员打来的，因为在开会，我就把来电挂断了，结果我挂断了三次她还是执着地继续打。我感觉她有急事，就离开会场接电话，刚接通就听到她兴奋的声音："老师，太爽啦，太爽啦，真的太爽啦！谢谢你，我担心一会儿兴奋劲过了，所以现在就打给你了。"我也会心一笑："恭喜'解锁'新技能。"

我知道她憋在心里的那口气终于吐出来了，她不仅当面拒绝了领导的各种要求，还成功地换了个领导，一个她敬佩的领导。在找我辅导之前，因为工作压抑，她身体变得很不好。这位学员的业务能力很强，人也很随和，但在公司摊上了一个领导，媚上欺下，控制欲强且容不下能力超过自己的下属。因为这位学员业务能力强，所以部门的很多工作都会交给她，重要的、琐碎的工作她都会接下来做。但一个项目明明是她负责的，最后领导却把荣誉和奖金给了他的一个亲信。这位学员找领导沟通过，未果。从这次沟通后，领导不仅给她加了更多的指标，把很多费力不讨好的琐碎事强行给她做，还时不时用语言打压和羞辱她。她想过拒绝，想过反抗，但不知道该如何处理。她有几次想离职，但因为喜欢任职的公司，最后还是放弃了这个念头。找到我之前，她一直非常纠结，甚至开始出现神经衰弱的症状。

如果她开始就懂得如何拒绝，可能就不会出现这么被动的局面，也不会陷入内耗了。这位学员现在已经拥有了拒绝别人的能力，未来一定会发展得更好。挂电话之前，我对她说了最后一句："你的善良，必须得带点锋芒。"

我们要努力让自己成为善于拒绝的人，因为你有多善于拒绝，你活得就有多爽。善于拒绝别人就是善待自己，每个人的精力都是有限的，如果你因为不会拒绝，把精力浪费在一些根本无所谓的事情上，就是对生命的浪费，而优秀的人大多是善于使用自己精力的人。这就好比你需要有营养的食物，而对变质的食物你是拒绝的，因为有害身体健康。同样，有些人能给你"营养"，而有些人因为"变质"了，给你的是情绪垃圾和负能量，这些要拒绝。明确了边界，就可以更好地拒绝内耗。

以我多年辅导学员的经验而言，高情商拒绝的第一步是先过自己的心理关，过了这关你才能把内耗降到最低。你害怕拒绝、不敢拒绝都不是拒绝本身或者应不应该拒绝的问题，而是因为自己的心理关没过。在面对一件事情时，你就问问自己的内心想不想拒绝，如果内心是想的，就不用给自己找理由妥协。你害怕的并不是拒绝，而是损害背后的人际关系，你担心自己丢面子，也担心伤害对方的面子，伤害双方的感情，让关系变差。除此之外，担心是因为对人际关系的伤害很多是暗伤，很难预判，也很难确认，有时我们说人心隔肚皮，你也不确定你的哪句无心的话就伤害了对方。也正因为人心难测，拒绝别人时要把握好尺度，这就要求要有良好的意识和正确的方法。

心里纠结的原因有各种各样，但根据我的经验，纠结时面对的问题主要有几种，解决了这几种问题，内耗就可以降到最低了。为此我梳理了一个方法——**"拒绝三问"**，它既包含如何处理拒绝的意识，也包含拒绝别人之前梳理自己思路的方法。

第一问：**想不想**。问问自己："我想拒绝对方吗？"回答这

个问题的关键是倾听内心的声音，而不是权衡利弊。想不想和要不要、能不能是不同的。如果你左思右想后觉得不能拒绝，这是通过思考做出的判断，而不是内心的声音。内心的声音，就是想或者不想，可以是绝对的判断，也可以是一种明确的倾向。前文讲过决定情商的第一个因素是自重感，为什么自重感这么重要呢？因为自重感越强，你的自我认同程度就越高，受别人影响的程度就越低，拒绝别人时的心理压力就越小，你就更容易听清自己内心的声音。

第二问：**要不要**。回答这个问题需要一个判断的过程。首先判断一下对方是否出于善意。如果对方出发点不正，拒绝比较好。如果对方是恶意的，不用想，果断拒绝。恶有很多种，其中一种是故意为难他人。如果对方故意为难你，你要么有反击之策，要么果断拒绝。你不用说多余的话，直接硬气地说"不行"即可。如果对方无理纠缠你或用道德绑架你，那你不仅要拒绝对方的请求，而且连对方这个人都要拒绝掉。

除了判断出发点，你可以再问自己一个问题："对方的说法合乎情理吗？"回答这个问题，你要想想对方说的是否合乎情理，逻辑是否通顺，是否满嘴跑火车，情感是真挚的还是虚伪的，是否轻诺寡信，是考虑你的需求还是在利用你的需求。想清楚了这些，你就不必担心对方会埋怨你，你会驳了对方的面子。从情理的角度看，你们只是"礼尚往来"而已。

第三问：能不能。如果别人求你帮忙，不要逞强，因能力不足而拒绝别人不丢人。不要碍于面子承诺自己根本没能力完成的事情，因为你没有能力给别人想要的结果，别人又对你抱有希望，到头来很可能既伤害了面子，又伤害了里子。当别人提出这样的请求时，你可以说："我实实在在地说，你说的事情对我来说很难，我大概率是做不到的，就算做完了，结果你也很难满意，你看看还有没有别人可以考虑，实在不成我们再聊，行吗？"

上面说的这种"不能"是指自己的能力不够。还有一种"不能"，就是你预判不会有好结果。如果一个亲戚一直好吃懒做，平时也和你没啥来往，某天突然找周围的亲戚借钱说要干事业，天上地下讲了一通，你一听就知道不靠谱，请问他跟你借 10 万元，你借吗？即使你有钱也不能借，因为你知道这事大概率是不会有好结果的。

"拒绝三问"的答案想清楚，你就不会内耗了，你所担心的事情也大概率不会发生。其实面对毫无情感和利益关系的人，拒绝起来并不难，你也不用过心理这关，难的是面对情感和利益关系，你如何妥当处理。拒绝别人是典型的负向沟通，如果语言处理不当，很容易伤到别人的面子和自尊心，破坏你们的关系。拒绝别人，要在意别人的情绪和感受，如何才能做到呢？下面介绍一个意识——"偶"断丝连。

## 3. 拒绝不是推开，而是拥抱

从人际沟通的角度来讲，拒绝的整个过程可以分成几个模块。这一部分介绍另一个模块——拒绝的目的。为什么拒绝别人对有些人来说是非常困难的？其中一个重要的原因就是这些人不清楚为了什么而拒绝，妥善地拒绝又是为了什么。这些人在拒绝别人的时候，也就不能把握好说话的尺度。

如何把握好拒绝别人时说话的尺度？这里先说一个关键的意识——"偶"断丝连，你没看错，是偶然的偶。人与人之间的关系变差，大多数不是蓄谋已久的结果，起因往往是偶然发生的事：说了不该说的话，没做好应该做好的事，知道了不该知道的秘密等。

藕断丝连，比喻关系表面上断了，实际并未彻底断绝，平时常指男女之间情丝难断。"偶"断丝连表示的是同样的道理，事情虽然断了，但情感还在，"买卖不成仁义在"，如下图所示。拒绝别人不是为了完全破坏关系，而是在推开和拥抱之间不断拉扯出最适合的距离。要把握好这种距离，需要有清晰的思路和判断。很多人不知道，人际交往高手在拒绝之前往往会判断：是拒绝事情本身，还是拒绝人，抑或是都拒绝；是亮出自己的原则，还是简单地拒绝对方即可。

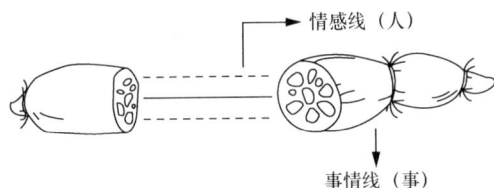

情感线（人）

事情线（事）

我们团队有个美女设计师，人称雪哥，不允许别人摸她的头。有一次一位同事过来和她商量事情，劝慰性地摸了一下她的头，我当时就盯住了她，想看看她的反应。如果你是雪哥，你会怎么说？有人可能会说："别碰我头。"这种拒绝是单纯的拒绝对方的行为。有人可能会说："别碰，我不喜欢别人碰我的头。"这种拒绝是拒绝别人的行为，同时表达自己的原则。如果雪哥这样说，场面可能会有些尴尬，因为周围都是同事。当时雪哥的反应令我觉得她情商非常高，她把自己工位上的一罐酸奶给了对方，说："这事你多费心了。还有一个事得跟你说一下，一般别人碰我头，我就浑身难受，但刚才你碰了反应好像不那么大，但下次也别碰了哈。"

你觉得雪哥的表达怎样？当你拒绝别人的某些行为时，一定会有种推开别人的感觉，但雪哥的表达中又有拥抱了对方一下的感觉，这样对方就不那么难以接受了。雪哥表达了自己的原则，也拒绝了对方下次的行为，周围的同事看了也不会觉得尴尬，而且相当于被同时告知了以后不能这么做。她有没有针对那个人呢？没有。整个过程中她都是在拒绝事情，而不是拒绝人，对方能接受，周围的人也能接受。这种拒绝算是高情商的拒绝。"偶"断丝连，事情和行为断了，但情感和关系还是在的。

在雪哥的这件事中，因为大家都是同事，关系还是要维护的，所以拒绝不宜太激烈，应对事不对人。但有的时候你可以对人不对事，尤其是不太影响关系，或者你选择要拒绝对方这个人时。因为对有些人，你必须表达你的态度来制止他们的行为，才能让他们识趣。

有一次商务宴会，一个朋友做东约了我们几个朋友，同时也邀请了合作伙伴。合作伙伴可能是担心喝太多酒，就带了几个人一起来。谁都没有料到的是，合作伙伴带来的人中有一个人让场面一度尴尬。这个人言行粗鄙，让人非常难受。我们的一个女性朋友好好"治了治"他。

席间，这个人过来敬酒，对着我们这边的三位女士就问："三位美女宝贝，怎么称呼啊？"听到他这么说，我们当时都想起身走人了，但朋友没说什么，我们也就没直接翻脸。如果你是在场的女士，你会怎么说呢？

当时听完这个女性朋友的回答，我很佩服。她的处理方式大家可以感受一下："这位大哥，看您性格直爽，肯定是有问必有答啊！"

这个人满口应和"是啊"。

这位女性朋友又说："您敬我们的酒，我干了，您问我们的问题，我来回答，我回答完回敬您一杯，是不是也可以请教您一个问题？"

这个人说没问题。

这位女性朋友打趣说："您要是回答不上来，就答应我们一个请求，可以不？"

这个人也同意了。

接下来这位朋友说："我们这三个宝贝啊，分别叫慈慈、俭俭和先先。"

当大家都在疑惑时，她端起酒杯说："我有三宝，持而保之，一曰慈，二曰俭，三曰不敢为天下先。"

我们几个朋友都会心地笑了，她又说："这杯我敬您了，也请问您这句话是什么意思，跟大家分享一下呗，您说的意思对，我们就可以意思意思呀！"当时这个人直接僵在原地，完全接不上话。

这个女性朋友最后又说了一句："大哥，您问我们的问题我都回答了，我问您的问题您不回答，就只能答应我们的请求了。我们三个姑娘想喝一款酒，这家店没有卖的，您能买来送给我们吗？"合作伙伴也会意，赶紧请这个人走了。散场后，合作伙伴特意给我们这个朋友赔了不是。

这件事的处理很有代表性，上课时我常给学员讲这个例子。通过一件可以协商的事情来拒绝人，过程中没有拒绝对方无礼的敬酒，而是用同样的条件反击，最后完全拒绝了对方这个人，给了他离开的理由，同时给了合作伙伴台阶，还给在场的人提供了一个可以聊的话题。这样的拒绝既解决了问题，又照顾了所有人。拒绝虽然针对的是一个人，但赢得了一群人的尊重。所以拒绝不一定是坏事，善于拒绝可以赢得朋友和尊重。

拒绝这个词给人一种阻挡或推开的感觉，但人际交往高手的处理会给人一种拉住或拥抱的感觉。拒绝的本质是信息的阻断和转换，处理得好，买卖不成仁义在，事没成但人舒服。当你有能力和意愿解决别人的问题时，你不用拒绝；当你没有时，你拒绝别人也不是为了把别人推开，从此置之不理，而是让别人留在一个有路口的安全区域，下次有条件时，你们还可以拥抱。

# 二、用好高情商拒绝的"万能公式"

拒绝的本质，是一种信息的阻断和转换。想让拒绝有效果，你要么阻断信息，要么转换信息，这两种思路都可以考虑。上文提到的拒绝事而不是拒绝人，拒绝的效果是最好的，也是平时最常用的。你周围一定有些人是这样的：跟他说话感觉很舒服，而且即使有求于他遭到拒绝，你也不会难堪、难受。这是为什么呢？

因为高情商的人沟通时，会关注别人的反馈，反馈的结果就是沟通的效果。对不同的反馈有不同的处理方式，不同的处理方式正好反映一个人的情商水平。前面提到过，情商是一种通过照顾对方的感受，换回自己需要的东西的交换能力。另一方面，情商也用于处理彼此的情绪和情感。

可以这么理解，别人有怎样的反馈，基本取决于你拒绝别人的方式。当你拒绝别人时，别人是无所谓、记恨你、埋怨你，还是表示理解甚至欣然感谢呢？显然，拒绝的方式不同，收到的效果就不同。

这个部分将介绍如何拒绝别人，包括一个汇聚各种方式的"万能公式"。

## 1．万能公式：情理法

什么是万能公式？万能不是指能解决所有的事情，而是指能解绝大多数事情。下面介绍拒绝的万能公式，它适用于日常的大多数场景。

这里先假设一种场景。有一天下班前，你路过公司的休息区时正好碰到了兄弟部门的王总，王总起身跟你说："×××，走啊，一会儿晚上聚一下，还有×××等几个人。"这时你会去吗？你可能下班后有安排了，也可能不想临时参加聚会，此时你要拒绝对方，你会怎么说呢？如果你直接说"不去"，请问对方是什么感受？虽然你知道对方也许只是客气一下，内心并不一定希望你去，但你这么说还是欠妥当的。你直接的回复很可能让对方觉得你不给面子，其实并不是因为你真的不给面子，而是因为你的回答方式不容易让人接受。

你可以换种方式说："王总，不巧啊！今晚我和一位客户有约了，就是上个月那个项目的客户，咱们下次呗。"感受一下，这种方式是不是比直接拒绝更容易让人接受。因为你给出了一个理由。你还可以说："王总，不好意思，今晚跟一位客户约了饭局，我一会儿就得赶过去。最近您那边压力也挺大的，别太辛苦。"这样拒绝听上去是不是更好一些了？因为你除了给了王总一个合理的理由外，还关心了对方的感受。再"加点戏"，如果对方还是你曾经的领导呢？你可以这样说："姐，不好意思啊，今晚约了个客户，我现在就得过去。最近你那边压力那么大，注意身体。月底行不？月底给我个机会请你。"这样的回答，对方还能感受到是在拒绝吗？这样回答不仅没有拒绝的感觉，可能还使关系升温了。因为你不仅给了合理的理由，还关心了对方，最后还给了一个找补的建议和方案。

上面的拒绝方式，为什么一种比一种更容易让人接受？关键在于"**情理法**"。拒绝别人的过程最好不要太过直接，否则会让多数人不容易接受。你多少给别人一个理由，这是"理"，在逻辑和因果关系上，这个"理"对方是可以想通、可以理解的。比"理"更进一步的是，别人有事找你，除了事情本身，更重要的是人，你要关心别人的感受，感受好自然更容易接受，你体谅别人，别人才能体谅你，这是"情"。最后一个是"法"，这个法不是法律规则，而是给出办法或者建议。这就是情理法，是万能公式的核心。人与人都是讲情理法的，所以如果你能在这三个方面做好，你的拒绝别人通常是可以接受的。拒绝的万能公式如下。

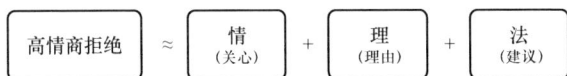

$$高情商拒绝 \approx \underset{（关心）}{情} + \underset{（理由）}{理} + \underset{（建议）}{法}$$

万能公式约等号右边的内容顺序不是确定的，可以根据自己的语言习惯或沟通场景确定。通常，情和理位置是可以随时互换的，关键看对方是什么人，也看自己的心情。其实无论什么顺序，都是为了让对方好接受，让自己说起来顺口。万能公式的使用范围几乎可以覆盖所有日常的工作和生活场景，是一个非常好用的公式。掌握了万能公式的用法，无论你面对什么情况，都可以做到心里有底，应对自如。

> **知识**
>
> 拒绝的万能公式：
>
> 高情商拒绝≈情（关心）+理（理由）+法（建议）
>
> **行动**
>
> 一个月内，每次拒绝别人时，都刻意练习使用万能公式，直到不用思考就可以脱口而出。

## 2. 三种实用的拒绝方式

最开始学习拳击时，我的教练都会鼓励我："没事，你要想打别人，就得先被别人打，疼痛会让你快速进步。"我知道他怕我实战训练输了后，脸疼、心也疼，所以安慰我。但教练的话的确还是有道理的，而且举一反三，放在人际关系领域也非常合适。有时候一个人出言不逊，情商低，毫不在乎别人的感受，不是因为他打内心就想这样做，而是他感受不到别人听到这些话时的感受。

平时上课，我会专门要求一些特定的学员做一种训练。我会把他们上课时不经意说的内容录下来，然后在训练中放给他们听，看他们是否意识到其中的问题。他们如果意识到了，我就和他们一起开始调整；如果没有意识到，我就会找其他学员模仿他们说话的方式和他们对话。从多年的经验来看，我发现人心都是肉长的，这种方法非常奏效。

沟通能力是双向的，你要能说也要能听别人说，只能听好话而不怎么说好话，你觉得合适吗？老子在《道德经》里说："受邦之垢，是谓社稷主。"如果仔细观察周围的"牛人"，你会发现他们很多是很能承受委屈的人，也经常被拒绝甚至被泼脏水，可贵的是他们在这种情况下还能说出善言善语。《鬼谷子》中说："口，乃心之门户。"你所用的语言能大抵反映你的心境。同理，当我们的心情很好时，我们更容易接受别人的拒绝，也能更妥当地拒绝别人。

下面的三种处理方式，来自我多年的教研及实战经验，适用于日常高频出现的情况。一起看看该如何使用，同时也巩固一下**"情理法万能公式"**。

### 有条件的同意约等于拒绝

上班时间，别的部门有位王总找你帮忙，想让你干个活，但你感受到了对方想"甩锅"的意思，或者你就不想帮他这个人，这时，你会怎么拒绝对方呢？

你可以说："不好意思，没时间。"

你也可以说："您为什么找我做啊？这不是我的工作啊。"

这些拒绝的表达本身没什么问题，但如果你是王总，听到这样的回复，你的感觉不会好。而且这么说完，你很有可能因为过于直接而得罪了王总。

你可以换一种方式，用万能公式来回答："王总，您这个活急吗？"如果对方说不急，那你继续说："王总，如果不急，我们月底再聊行吗？我的工作计划已经排到下个月了。王总抱歉，我最近工作压力很大，而且有个新项目，分身乏术啊。"但是现实的情况是对方大概率会说很急，这个时候我们这样使用万能公式："王总，领导的两个任务，我实在是不能耽搁，如果先做您的，我也不知道该怎么跟他说，我知道您这个活也很急。这样吧，我可以先做您的，但您要帮我和领导商量下，他交代的任务往后延期一下，您看行不行？"对方如果跟领导说了，领导也说做，那就按领导的意思办。

但是现实中，王总大概率不会找领导说这个事，你可以继续说："王总，您也别太急，这个活是不是小李也可以做？我去问一下其他人，晚点给您回复可以吗？"这个方法对职场中不合理的请求和难纠缠的人都很有效，如果你已经明确表明了态度，你的同事还是抓着你不放，过于难为你，你就给对方一个同样的或更难满足的条件。

这次对话后，王总大概率就放弃了，而且不会因为你的拒绝而生气，最主要的原因是你同意了他的要求，只是你需要他的支持，是他不去给你创造条件。这种方式就是有条件的同意，而且这个条件对方基本上不愿意或没能力满足，那结果自然就是做不到了，你就自然而然地实现了拒绝。在此基础上，你还给了对方替代方案，对方也就不会一直盯着你不放了。

### 缓兵之计加上更高的优先级

在潜意识中，我们往往会依据关系对不同的人进行优先级排序，比如家人的优先级高于同事等。拒绝别人时，我们可以利用这种优先级顺序。

比如周五的时候，同事叫你周日一起去应酬一个客户，但是你有些疲劳，想在家休息，你会怎么说？你可以说："不去了，太累了，下次吧。"你也可以说："最近身体不是很舒服，我就不去了。"这些回答都没问题，但通常给人的感受不好。

你可以用万能公式回答："好的，问题不大。不过我有一件事可能时间上会有冲突，周日我爱人要去医院检查。我周六给你确定的答复，可以吗？"这种情况下，同事一般都会同意，你周五铺垫了一下原因，等到周六你再拒绝的时候，同事有了心理准备，也就好接受一些了。周六你再打电话和对方说："实在不好意思，这事辛苦你了，明天我要陪爱人去医院。下回我们提前定好，我把其他的事情排开。这次就靠你了，你也别喝太多哈。"听到这样的拒绝，你的感受如何呢？不在沟通的当时给对方确定的回复，是一种缓兵之计，给自己思考的时间，也给对方接受的时间。留出弹性的时间，处理事情的容错率就会高一些。

把缓兵之计和更高的优先级放在一起使用的效果是最好的。如果单独使用缓兵之计，会有一种拖着别人不答复的感觉，有些拖拉和敷衍，可能会影响到别人决策，不是很负责。如果单独使用更高的优先级，别人会觉得你在给他压力，也会觉得你就是不想去，只是找个理由搪塞，给人的感觉也不是很好，下次可能有事也不叫你了。

这种方式的关键是先告诉对方可能出现的情况，但此刻不便决策，然后告诉对方什么时候给准确的答复。这样处理，因为对方有了心理铺垫，并且你们是商量着来的，所以你再拒绝时，对方更容易接受，而且不仅不会因为被拒绝而有负面情绪，反而会觉得你和他商量着来是尊重他的。

### 安全地带的折中处理

**拒绝是拥抱而不是推开**。你拒绝别人不是为了跟别人老死不相往来，有些关系你是珍惜的，或者是想维系、不想失去的。而且有时别人向你提出的要求也是合情合理的，这种情况你就可以用折中处理的方式。

你有一个朋友，最近几年陷入了人生的困境，诸事不顺，突然有一天他跟你开了口，说想向你借 10 万元，他想做点事。你不确定他现在的状态做这件事是否靠谱，直接借 10 万元给他很可能竹篮打水，但因为你们是朋友，你内心又是想借给他的，不想浇灭他刚刚燃起的斗志。请问这时候你该怎么做？一点儿都不借可能就会失去这个朋友。你如果和对方说："我的原则是救急不救穷。"那你可能不仅会失去朋友，还会让对方心生怨恨。

你可以换一种方式，折中处理一下，你可以说："兄弟，恭喜你终于走出来了！我现在家里用钱，一下拿不出 10 万元，只能先借给你 5 万元，你先用着，我再给你想办法，如果剩下的 5 万元你从其他地方借到了，就告诉我一声。"当朋友能跟你开这个口时，他的处境有可能是真的很艰难。你借给他多少其实不在于你有多少钱，而要看在当时的情况下，你预设他不还你钱，多少钱你能接受。朋友会理解你的做法的，你们之间可能也不必讲太多，都懂。如果对方的事情靠谱，你可以再借给他 5 万元；如果不靠谱，你也可以就此打住。

谁都有可能遇到难处，拒绝要避免把对方推到一个危险区域，朋友跟你开口时很有可能已经在危险的边缘了，这时候你要拉他一把。5 万元不多，却有可能让他回到一个安全地带，但如果你内心是拒绝借 10 万元的，那就选择一个折中方案。

这种方式的关键是先把对方放在一个安全地带，然后选择一个折中方案。可以说折中方案不是拒绝，也不是同意，但结果是对方可以接受的。

上文中的三种处理方式，都是拒绝别人时比较实用的，它们的核心都是万能公式。万能公式不仅在拒绝别人时可以使用，当你有求于别人被拒绝时，也是可以用的。善于拒绝的人，往往也善于回应别人的拒绝，因为底层的原理是一样的，都是要关注彼此的情绪和感受。

举个例子，当你请求同事支持你的业务被拒绝后，你可以直接说："好吧。"也可以说："收到，感谢。"但对方听到后的感觉可能不太好。如果沟通时再带点儿情绪，那你们的关系就会受影响了，下次合作时可能双方心里都会有压力。

如果用万能公式处理一下，你可以说："抱歉，给你添麻烦了，我再想想其他办法，实在不成我再来求助你哈。"这是比较完整的说法，在实际中你可以酌情增减语言，并管理好表达时的情绪。这样的回应，不仅不会让双方的关系变紧张，还会因为你尊重的态度而让你们的关系升温。

还是这句话"拒绝是拥抱而不是推开"，这其中的关键就是分寸感的把握，也可以说拒绝的底层原理其实就是对距离感和分寸感的把握。很多人不是不懂拒绝，而是因为不懂得把握分寸，让拒绝变了味。

下一章将介绍如何把握"分寸感"。

拒绝万能公式：

高情商拒绝=情（关心）+理（理由）+法（建议）

看完此章后一个月内，刻意使用万能公式练习三种拒绝方式，并找到自己最喜欢使用的一种。

# 第三章

# 分寸，人与人之间的距离美

# 一、把握分寸感的关键

人与人之间分寸感的把握，要符合人性，也要符合"电梯效应"。2019 年，新励成就人际关系距离感的问题做过一个电梯实验，用近半年时间对公司总部大厦陌生人乘坐电梯时的站位，进行了记录和统计。

当电梯内有两个人时的站位基本是这样的：

两个人

当电梯内有三个人时的站位基本是这样的：

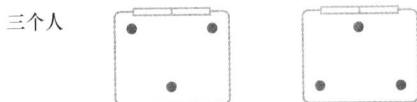

三个人

当电梯内有四个人时的站位基本是这样的：

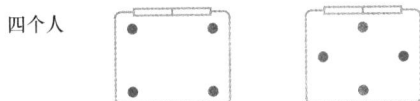

四个人

从图中可以发现什么规律吗？其实，每个人都会下意识地与别人保持适当的距离，这是一种本能，你甚至无须思考你们之间的距离应该是半米还是一米，多远才是标准距离，你只需要凭感觉就能找到一个差不多舒适的位置。在此之前你可能没有留意过这件事，下次坐电梯时，你可以专门感受一下。这种感觉有了，你把握与人交往时的距离也就更容易了。

什么是距离感？我的拳击教练曾跟我说过一段话："人与人的相处，很像拳击运动，有攻有守有进有退，看脚步是否灵活，也看反应是否够快，看体力能否支撑全场，也看是否耐得住性子捕捉时机。核心力量很重要，但能把力量打出来更重要，光有劲不行，还要会用劲。从表面上看拳击靠的是技巧，实际靠的是脑子。拳头硬，你的进攻才有杀伤力，这是'王道'；但抗击打能力不行也白搭，不能扛揍、不皮实不行。打比赛想赢很正常，但不要总想着一拳击倒对方，掌控比赛的不是热血，而是理智、节奏和距离感。"这段话对我的影响很大。拳击是极其紧张激烈的运动，人与人的相处有些地方和拳击特别像，处理得不好，你精力、体力的消耗会很大。

好的处理办法不是保持紧张，而是放松。放松不仅可以让你更好地发挥，还能让紧张的关系缓和下来。而且现实中并不是所有的相处都是比赛，都要分出个高下，多数时候人与人相处是要平等和共存的。所以，如果你要把握好人际关系的分寸感，就得了解有竞争关系的分寸感怎么把握，没有竞争关系的分寸感又该怎么把握。举个最简单的例子，有些家庭关系之所以紧张，不就是因为原本没有竞争关系的家庭成员硬搞出了竞争关系吗？这一章我就从**距离感**和**边界感**这两个关键点展开，介绍把握分寸的意识和方法。

## 1．你的距离感和别人的边界感

什么是分寸感？如果你给领导发一份项目材料，发信息时，你可能会说："领导，这是项目的材料，你看一下吧。"你也可能会说："领导，这是项目的材料，请过目。"你觉得这两种说法哪一种更有分寸感呢？答案比较明显，"请过目"的表达方式更合适。什么是分寸感？当你感知到某种表达合适或者不合适时，分寸感其实就已经在起作用了。

分寸感来自心里的判断。要把握好分寸感，就要做好判断，要做好判断，就需要知道标准是什么，通过什么来判断。很多人说话时没有分寸感，就是因为心里没有标准，没做好判断。其实，分寸感是一种综合了距离感和边界感的心理判断。你的距离感和边界感决定了你的分寸感。可能你乍一看，会有疑惑：这两个词不是一个意思吗，有什么区别吗。

打个比方：在一场篮球比赛中，你从后场开始带球进攻。球还在后场时，你大概率是不会直接投篮的，因为太远了，很难命中，这就是一种**距离感**。你继续向前场推进，将球带到了三分线前，此刻你感觉自己和篮筐的距离，差不多适合投篮了，这也是一种**距离感**。但刚要出手，对方球员突然出现在你身前，张开手臂防守你，这就是一种**边界感**。这个边界感是你的还是对方的呢？很明显是对方的，因为你进入对方的防守区域，对方感受到压力了，这是对方的"**心理边界**"。进攻还在继续，你开始想接下来是直接投篮还是传球呢？这时你开始判断，和对手心理博弈，**对方的边界感**也就成了**你的边界感**，你开始判断对方会重点防你传球，还是防你跳投。电光石火之间，你发现对方站位有点靠前，所以你选择与队友做传切配合过掉了对方，这时你就**突破了对方的边界**。最后你直冲篮下，一个飞身暴扣得分。对手非但没有生气，还给你帅气的动作点了个赞。

看完这个例子，我猜你已经大体理解了距离感和边界感，我再做个补充。距离感主要是你心里的感觉，你对你与篮筐距离的感觉，你对是否能实现沟通目标的感觉。边界感不同，边界感首先是对方心里的感觉，根据感知到的对方的感觉，你要决定是就此打住还是继续突破边界。突破边界，对方肯定是不愿意的，但如果你没犯规，突破得还很漂亮，对方还是会认可的；如果你根本没有进攻对方的能力，对方很可能打心里看不上你。这些都是细节，都关乎分寸该如何把握。我把上面关于距离感和边界感的内容总结如下。

● 距离感主要是你的感觉，是你对目标的距离感。

● 边界感首先是对方心里的感觉，然后是你感知到的对方的感觉。

● 边界不是完全不变的，而是有弹性的，取决于对方感受到的压力和你突破边界的能力。

● 把握分寸不是最终目的，达成沟通的目标才是。

● 你可以选择在对方心理压力较小的边界完成沟通，也可以再进一步以便完成沟通。

● 不要过于担心突破对方的边界，如果你没有犯规又做得很漂亮，对方也会打内心认可你的。

可以从总结中提取几个关键词：距离感、目标、边界感、弹性、心理压力、突破。我把这几个词分一下类：整个沟通过程中基本不变的是目标和距离感，可变的是**心理压力**、**边界感**、**弹性**和**突破**的区间。关键就在此了，可变的部分就是你可以把握分寸的部分。

分寸不是一个确定的点，而是一个弹性的区间。要把握好分寸，就不要犯规，因为犯规行为本身就失了分寸。在不犯规的基础上，要让你的"距离感"尽可能贴近对方的"边界感"，这就是对分寸的把握。

> **知识**
>
> 　　关于分寸感的几个关键词：距离感、目标、边界感、弹性、心理压力、突破。
>
> **行动**
>
> 　　在未来的一周时间内对所有日常沟通进行反思，看看哪些话有失分寸感，并每日进行记录。

## 2. 边界感，就是三个隐私信息区

上文明确了四个可变的概念：心理压力、边界感、突破和弹性。前三个词就是把握分寸感时先后要考虑的点。

（1）你要考虑的是，当你说出一番话，对方的心理压力如何。比如，对心理素质好的人和"玻璃心"的人，对能开玩笑的人和开不起玩笑的人，需要应用不同的尺度。

（2）判断对方的边界，确定什么话是你能说的，什么话是你不能说的。如果不能直接判断，也可以用语言试探对方的边界，一般试探几句话就可以有大概的判断。边界代表每个人都有的标准和价值观，但边界感是对方专门对你展现出来的标准和价值观，这就是人感性的部分，亲情、爱情、友情都可以让我们放弃平时对一般人应用的标准和价值观，有时边界感是很模糊的。很多人沟通时愿意以哥、姐相称，原因就是要模糊边界感，让关系显得更近些。

（3）知道对方心里的边界感后，你可以选择在最安全的地带解决问题，也可以为了更接近你的沟通目标，突破原本的边界，进入一个博弈水平更高的区域。两条边界之间就是你可以弹性处理的区域，就是你调整说话分寸的空间。

总结以上三点内容可知：边界不是完全不变的，边界的变化构成了弹性区域。人性如此，同样的一件事，你对你喜欢的人和你不喜欢的人，可能会应用完全不同的标准。对于把握边界感这件事，高情商的表现就是能够让别人给你开放更大的弹性区域。弹性区域该怎么区分，突破边界时又该怎么操作呢？关键是处理好三个"**隐私信息区**"。

"隐私"一词，最早出现于周朝，指的用于遮蔽私处的衣服。那时的"隐私"并不简单，它用来区分文明人和野蛮人。放在今天是一样的，从人际关系的角度看，隐私就是边界，边界就是隐私。隐私是对自身信息的一种处理结果，信息是客观存在的，隐私是主观隐藏起来的。根据保密程度的不同，我把信息区分为四种：公开信息区、社交信息区、安全信息区和精神信息区。如下页图所示，后三种就是隐私信息区。

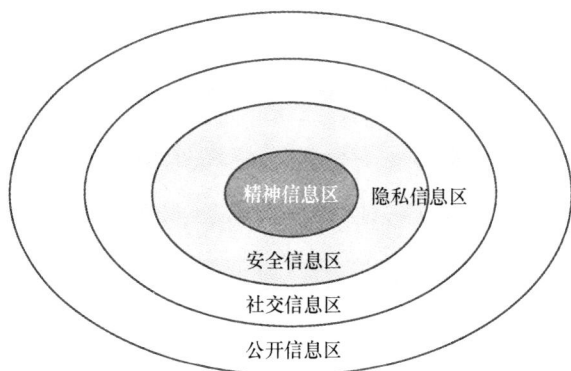

**公开信息区**：这个信息区的信息是公开的，可能是你主动公开的，比如你发在社交平台上的内容；也可能是客观存在的信息，比如你的社会职务。因为这个区域本来就是开放给公众的，所以任何人与你交流这些信息，你都不会有被冒犯的感觉，只要信息准确就可以。比如别人叫我"陶院长"，我"新励成研究院院长"这个身份是公开的，别把陶院长叫成唐院长就没什么问题。

**社交信息区**：这个信息区的信息是半公开的，比如你的基本身份信息、爱好、兴趣等。这些信息不是完全公开的，但你的家人、同事、同学、朋友和恋人等知道。这个区域的信息可以让别人更好地认识你，判断你的社交价值。这个区域的信息可以构成你在别人心中的印象，而印象是非常重要的社交资源，所以捏造、诋毁和诽谤是非常恶劣的行为。在职场中，人们不喜欢那种捏造事实、搬弄是非、打小报告的人，根本原因就是他们会改变人们在社交区域的信息，让其他人产生误解和成见，进而导致矛盾的产生。

知道了公开信息区和社交信息区的区别，就很容易理解作为公众人物的娱乐明星们的行为。他们的社交信息和公开信息的边界是模糊的，他们中的很多人也愿意把一些隐私信息曝光给大众，从而拉近和大众的距离。人与人关系变近的过程，就是不断相互开放隐私信息的过程。关系越亲密的人，彼此知道对方的隐私信息越多。知道得越多，双方的情感就越浓厚，这是正面的效果。反面效果是，如果做了不妥当的事给亲密的人造成伤害，那么这种伤害是最严重的。

**安全信息区**：两个人的关系再进一步，就进入安全信息区了。这时两个人的关系是一起把酒言欢、畅所欲言的朋友，职业的医生与患者，彼此忠诚的夫妻等。整个隐私信息区最难以突破的，也是最难以把握分寸的区域就是安全信息区，这里的安全包含心理安全、财产安全、身体安全等。这个区域的信息，有些是可以和别人交流的，有些是你绝口不提的，如何处理，关键在于彼此的信任程度。信任是安全信息区的底色，你获得了一个人的信任，就可以和对方在这个区域交流，否则你用再多的技巧都无济于事。

**精神信息区**：这个区域是整个隐私信息区中最核心的。相比于如何与别人相处、与这个世界相处，更为核心的问题是人们该如何与自己相处。一个人只有把和自己的关系捋顺了，才能活出真实的自我，才能更好地与别人相处、与这个世界相处。这个区域隐藏着一个人内在的最深邃的底层信息，这些信息最难触达，包括信仰、价值观、底层的欲望动机和精神追求。如果你能够和一个人深度交流这个区域的信息，那你和他的沟通基本就是全开放的。

回到把握边界感的问题，有句话叫"交浅勿言深"，说的是交情浅就别聊太深的话题，这里的深和浅如何判断呢？从隐私信息区的角度来看，如果和对方只是交流社交信息区信息的关系，就不要触碰别人深层的隐私和精神世界，强行交流很容易显得浅薄和冒犯，失了分寸。如果已经进入了对方的精神信息区，交流仍停留在表层，两个人就会显得生分，也失了分寸。

综合上面的内容可知，一个人要把握好边界感，就要做好两个方面的事。

一方面是有隐私信息区的意识，知道聊天的尺度。人与人关系再好，也要把握好边界感，要心里有数，知道怎么沟通是最合适的。对于边界感，成年人与成年人很多时候是有默契的。多站在别人的角度想，边界感就能把握得好一些。

另一方面是在每个区域都能聊合适的话题，知道什么该聊、什么不该聊，不轻易冒犯别人。冒犯是指你把话题带入了本不该进入的区域，使别人感到不舒服，甚至感觉受到了威胁。比如你去相亲，刚看到姑娘就问："你今年多少岁？"这就是一种冒犯，别人心里会不舒服。你可以换种委婉一些的方式："听王姨说，你比我小三岁，对吧？"这种方式虽然也是在询问对方的年龄，但对方的感受会好很多。安全信息区要么不突破，要么就突破时让别人感觉舒服或者可以接受。

> **知识**
>
> 隐私信息区包含社交信息区、安全信息区和精神信息区。
>
> **行动**
>
> 梳理一下自己的信息，看看不同的信息分别在什么区域。找一个熟悉的人，把他的各种信息放到不同的区域，判断一下自己和他说话的思路是不是更清晰了。

## 3. 距离感，就是说三分话留七分权

有一次我去深圳开会，在学训中心碰到了一位学员。当时我刚开完会，我们的咨询老师就找到我说："陶老师，请您跟这位学员聊聊可以吗？他聊的问题太深了，我接不上话，有点尴尬。"我答应之后就坐到沙发上开始跟这位学员聊天，过了一小时，他突然站了起来，跟我握了下手说："陶老师，跟您聊天非常开心，希望以后还能和您多交流！今天我报个名参加您的培训吧。"那次我们沟通了一小时，但我说的话不超过十句，为什么这位学员会感到很开心、很舒服呢？

因为他憋坏了。由于工作的性质，他的圈子比较固定，周围的人都忙于生计，没人听他讲他深刻的思考，能和他聊一会儿的

人多数也半路转移话题。他聊的问题很深刻，但在生活中曲高和寡。那天我们正好相遇了，一小时里我基本没说话，只是在他表达重要观点的时候，给了他肯定。这个人涵养很好，他当时也觉察到自己可能说得有些多，就不太好意思，自己终止了。他不知道的是，我当时听得也舒服。

其实当时我特别想跟他交流，因为他聊的问题我也很感兴趣。但当时的场景下，我和他的身份分别是老师和学员，所以我控制住了自己的表达欲，因为我知道敞开心扉、天上地下地聊一通对当时的他来说太重要了。我把说话的权利，还有话题的主导权都给了他，他聊什么我就听什么。其实他的一些观点是有待商榷的，但我没有去探讨，而是把话语权给了他，还给了他肯定，听他直抒胸臆。

他之所以在这次沟通中聊得非常愉快开心，是因为我把刚才提到的两个权利——话语权和主导权都给了他，这两个权利在沟通中非常重要。这部分的标题中的"说三分话留七分权"，其"权"指的就是沟通中的话语权和主导权。

话语权指沟通中定调和决策的权利，是一次沟通的终结性的权利。主导权指沟通中"带节奏"的权利，是一种导向性的权利。在整个沟通的过程中，怎么配置这两种权利，它们归属于哪一方，比重是怎样的，就决定了沟通给人的感受，以及说话时的尺度和沟通的结果。

人们常说："逢人只说三分话，未可全抛一片心。"三分话就是说话的尺度。当然这句话说的不是沟通中权利配置的问题，而是说话动机的问题，你担心多说无益，也深知人心叵测，所以选择少说。做人虽要真诚，但不能没有戒心，并不是所有人都是怀着善意和你沟通的，不能对谁都掏心掏肺、推心置腹，和别人深入沟通前要看清楚对方的意图，不能什么都说。《鬼谷子》有言："若探人而居其内，量其能射其意也。"知己知彼可以更好地把握分寸，也可以因此掌握更多的主动权。

虽然"逢人只说三分话"这句话的道理是对的，但跟学习口才课的学员们交流时，我还是会说，如果要提升口才能力，就不要因为不确定别人怎样对你而选择说几分话，应该从沟通中权利配置的角度来思考自己该说几分话。这样做的好处是，你能在沟通时有更大的弹性空间，不至于显得很拘谨。你的心态放平了，状态打开了，别人跟你沟通时的心理包袱也会相应变小，双方的心理防备放下来了，分寸感也就更好把握了。

放下防备后的分寸感是别人让你一分，你敬别人三分，礼尚往来。你谦让一点，多替别人考虑一点，其实也是给自己多留一些余地。事缓则圆，很多事情不是一蹴而就的，所以留出弹性空间在人际交往中是非常必要的。沟通时人们本能地想自己掌控话语权，想让自己说的话有分量，有时就会比较激进，具有攻击性。

换个角度看，你这么想，对方也这么想，双方都不敬让，结果会怎样呢？当然也不能过于敬让，过犹不及，敬让本身也有分寸，我把这个分寸叫作"**说三分话，让七分权**"，相应的"**3/7 模型**"如下图所示。

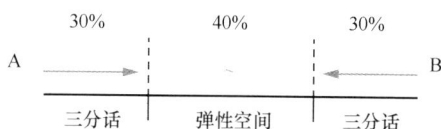

"说三分话，让七分权"的核心是平等的权利，平等地沟通。也就是理论上说，双方说话的权重是五五开。但这里的七分权由话语权和主导权组成，包含了三分话的话语权和弹性空间的主导权，可以依图记下公式：**七分权 = 三分话 + 弹性空间**。当这个模型和公式成为你脑海中的固定认知后，你就会非常认可"言多必有数短之处"这句话。话不是说得越多越好，说多了可能会说出不该说的，可能会暴露自己的问题，也可能会冒犯别人。把握好分寸的关键是恰到好处，其中的奥秘就在这个公式里了。

现实中，你可以参考这个模型，有意调整说话的分寸和权利倾斜的程度。长辈和晚辈、领导和下属、老师和学生间的沟通都不是绝对平等的沟通，都有话语权的自然倾斜，另外还存在谁更积极主动的问题。但只要在意识中构建起这个模型，你说话的节奏感和分寸感就一定会越来越好。

## 4. 把握分寸的"进退点"原则

　　就在我快要写这本书的时候，有位学员大半夜给我发信息：

"老师，我升总监了。"我回复"恭喜啊"。他说："之前的领导终

于走了，大家心里舒畅多了。"事情是这样的，这位学员跟我讲，

他的领导一次工作失误，把所有责任都推卸给了部门里的其他

人，大家都受不了了，联名举报了这位领导工作中种种不负责的

决策行为。之后，这位领导被调离，这位学员被提拔为总监，于

是就有了前文所说的半夜发信息的事。为什么一次工作失误就会

招来大家的联名举报呢？

　　这位学员的说法是这样的。这位领导在职的时候，被所有

人诟病的一点，就是他一说话就没完没了，而且车轱辘话说了

一圈又一圈，还全程不让别人插嘴，根本不听别人说什么，谁

要是多说两句，他马上就开始打压，以至于所有人都不愿意和

他说话。平时他要找大家谈工作的事情，大家也都是能躲就躲，

借口不是肚子疼，就是头疼，而且大家能线上汇报的就绝不当

面汇报。另外，这位领导的业务能力和格局也不能够令人信服，所以大家觉得跟着他完全没有盼头和未来。

那晚我和这位学员聊了一会儿，学员最后说："其实领导的业务能力差、管理水平低、格局不够，这些勉强可以接受，不至于引起团队这么激烈的反抗，真正令他失去人心的是，平常和别人沟通时，他完全不尊重人，说话时嘴上还没个把门儿的，没人愿意理他，也没人愿意和他沟通，团队完全是散的。"

我觉得这位学员最后的判断很准确。为什么大家会觉得那位领导不尊重人呢？其实这就是没把握好分寸导致的最常见的结果之一。为什么大家会觉得那位领导说话嘴上没个把门儿的呢？其实还是因为没有分寸感。把握好分寸在日常沟通中真的很关键。原来人们常说："忍一时风平浪静，退一步海阔天空。"但是哪里有压迫哪里就有反抗，所以现在也有很多人会开玩笑说："忍一时得寸进尺，退一步变本加厉。"所以该忍的忍，不该忍的坚决反击。我觉得这两句话描述了不同分寸感下的不同行为。真正有分寸感的人懂得看具体情况，该退退、该进进，因为分寸本身就不是固定的、一成不变的，而是在进退的过程中选择的一个最适当的点，可以将这个点称为"进退点"。你可以在上文提及的 3/7 模型中体会一下进、退和点的感觉，如下页图所示（以角色 A 的位置为例），说话的分寸感就更容易把握了。

进

退 点

A ●──────────────── B

| 三分话 | 弹性空间 | 三分话 |
| 30% | 40% | 30% |

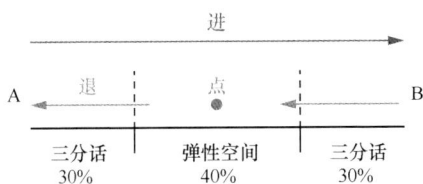

接下来说一说主动性的问题。人们往往喜欢和积极主动的人沟通，你跟对方沟通，对方不是回避就是不接茬，一句多余的话都不想说，语气冷漠，请问你还想继续吗？《菜根谭》中有句话："遇沉沉不语之士，且莫输心。见悻悻自好之人，应须防口。"积极主动表明了说话者的沟通意愿，如果连基本的沟通意愿都没有，那就没有必要聊了。

什么是积极主动呢？如果你和对方沟通的欲望有100分，沟通开始时你呈现出30分左右的热度就是积极主动。这是一个比较安全和保守的点，不会让你显得冷漠，让对方不舒服；也不会过热，万一热脸贴了冷屁股，你也不至于尴尬。那什么是特别热情呢？就是一开始就冲进了弹性空间，奔着70分去了，或者直接呈现出100分的沟通欲望。特别热情没有任何问题，该握手就握手，该拥抱就拥抱，只是注意在跟一些刚认识的人或关系一般的人交流时，要把握好火候，不宜过热。这种积极主动是分寸，只不过不是语言的分寸，而是情绪的分寸。

除了情绪状态的主动性外，你的语言也可以积极主动，先和对方打招呼、主动讨论问题等都是积极主动的表现。积极主动整体上呈现为一种"进"的状态，沟通的双方都有朝对方"进"的趋势，才是良性沟通的迹象。但是"进"也不能过分，如果像上文中那位不让人说话的领导那样，就失分寸了——你打压别人，不让别人讲话，你讲 100 分，让别人"退"无可退，那你大概率会迎来猛烈的反击。处理人与人之间的关系要"知进退"，只有知进退才能使用好弹性空间，过于刚猛和过于畏缩都不是好事。只有有了进退的意识，与人沟通时才能弹性地把握分寸，做到游刃有余。

沟通时对进退的把握，有四条基本的操作路径：以进为进、以退为退、以退为进和以进为退。这里以赞美为例，看看如何通过这四条路径达到不同的沟通目的。首先判断一下，从"进退"的角度看，你觉得赞美是一种"退"还是一种"进"。或者说，你感觉赞美时你的力量是往外放的，还是往里收的？

其实，单纯的赞美是一种"进"。你直接跟对方说："您的业务能力真是太强了。"这句话本身是一种进攻，对方接住你这句话，就是一种防守。如果你想进攻得再猛一些，以进为进，你可以说："我在公司待了六年，您这种业务能力和水平，我真是第一次见，太强了。"有涵养的人听到你这么赞美他，多半是要保持谦虚或者客气地退一退的。

再举个以退为进的赞美的例子。假如公司有位同事想把一项费力不讨好的工作甩给你，你就可以采用以退为进的赞美："其实我挺想做这个工作的，但是真的做不来，您的业务能力和水平已经是咱公司的'天花板'级别了，如果您都不好做，就更别提我了，以我的水平肯定接不住，接了也做不出什么结果，我实在不敢辜负您！"这段表达的内核是拒绝，是往外推，不过是用对比自己的方式来赞美对方，主动让自己处于弱势地位，从而完成了这次反击，以退为进。

刚才通过赞美介绍了如何把握"进退"。其实所有的沟通都要通过平衡进退，来找到一个动态平衡的点。"进退点"原则可以帮助你"量化"沟通。3/7 模型让你知道什么时候该进，什么时候该退，以及什么时候终止对话。可以这么理解，对"进退点"的把握其实就是对分寸的把握。现在我把隐私信息区和 3/7 模型放在一起，对比着看这两张图，你对于"进退点"原则的感受是不是更深刻一些？当脑中有了这个意识和模型后，就可以更好地使用沟通的技巧了。

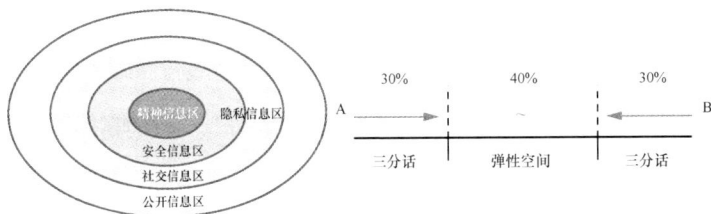

# 二、用好三位一体的分寸感公式

上一节提到了两个概念：情绪的分寸和语言的分寸。理解这两个概念对于分寸感的把握非常重要。除此之外，把握分寸感还涉及这样一个概念：身份的分寸。

身份的分寸，这个概念比较容易理解。举个例子，你和你的父亲交流时，只有一把椅子，请问谁坐着、谁站着？如果你坐着，你的父亲站着，即使你有再多的语言技巧，这次沟通都是失了分寸的，因为沟通时身份感不对。如果你的父亲坐着讲话，你站着倾听，这个感觉就对了。身份感对了之后，才是你要不要说话，怎么说话的问题，这就是身份的分寸。

你身边也许有这样一种"人才"，只要一开口就讨人厌，直接让人不想和他说话。为什么称之为"人才"呢？因为一开口就让人喜欢并不容易，但一开口就让周围的人都烦也很难。一开口就招人烦的原因有很多，其中一种是缺乏身份感，目中无人，不知道自己几斤几两，一开口就想教别人做人做事，好像全世界的人就他聪明。沟通时，如果你无法认清自己在这个沟通场景下的身份，你就很难把握好整体的沟通尺度，整体的沟通尺度不清楚，你就很难把握情绪的分寸。

情绪是释放还是收敛？是要大笑，还是微笑？演讲时是放肆哭泣，还是止于哽咽？一位受人尊敬的长者仙逝，众人都在悲痛中，你会笑着鞠躬吗？去寺庙烧香，大家都静默着，你接了个电话，成功拿下一个大项目，你会在庙里高歌吗？

这就是情绪的分寸，这要求人们除了正常表达自己外，也要考虑他人的感受和所处的环境。你一定要重视情绪的表达，它是人的本能，也是非常底层的交流方式，小孩子一岁前不会说话，却可以用情绪和你进行交流。为什么很多人用了那么多说话的技巧却无法实现沟通的目标？因为情绪不对，说什么都白费。情绪是心理环境的呈现，心理环境对了，情绪对了，语言也就顺了。

语言的分寸需要在身份的分寸与情绪的分寸基础上实现，所以这三个概念的排序结果为身份的分寸、情绪的分寸和语言的分寸。

为了让大家都能更好地理解并把握分寸，我把"分寸感公式"总结如下。为了方便大家记忆，这里用"REL"表示"分寸感"，其中 R（Role）代表身份的分寸，E（Emotion）代表情绪的分寸，L（Language）代表语言的分寸。

| 分寸感<br>（REL） | ≈ | 身份的分寸<br>（Role） | + | 情绪的分寸<br>（Emotion） | + | 语言的分寸<br>（Language） |
|---|---|---|---|---|---|---|

分寸感公式是一个从整体把握沟通分寸的结构公式，这一章

我会借助这个公式介绍沟通时该如何把握分寸。分寸感是一种整体的感觉，标准靠主观感受来把握，所以把握分寸是你对人、情感、思维、语言、行为和场合的整体把握。说话有尺，行为有度，这既是对别人的尊重，也是自身修养的体现。下文将从身份、情绪和语言三个方面展开。掌握了分寸感公式的精髓，你与人沟通时把握分寸游刃有余。

## 1. 获得正反馈的两种方法

上文介绍了把握分寸的三个核心概念与分寸感公式，接下来介绍具体的做法和注意事项。因为把握分寸的效果不像赞美那么直观，所以在讲做法之前先提一个问题：该怎么判断是否把握好了说话的分寸？答案是看正反馈。

**正反馈是检验分寸的标准**。比如要跟一位女士聊天，你开口第一句就说："古人说了，唯女子与小人难养也。"你觉得对方会给你怎样的反馈呢？当你说完这句话后，你猜你俩的心理距离是更近了，还是已经远得没边了。

分寸感的把握有时就是靠感觉和经验。获得这种感觉和经验不是一蹴而就的，而是在和不同的人交往的过程中，通过不断积累正反馈来实现的，所以获得正反馈的能力本身就是一种把握分寸的能力。下面我讲解两种方法，一种适用于沟通的初始阶段，另一种适用于沟通的进行阶段。两种都是日常获得正反馈的好方法。

## 先肯定，再商定

好的开始是成功的一半，沟通一开始时把握好分寸，约等于把握好了整个沟通的分寸——出发的方向对了，后面的路就好走一些。沟通一开始就要把对方引导进入一种正面的情绪，也就是说，从分寸感公式结构的角度，在 R（身份的分寸）这一方面，你要给对方一个明确的定位，帮助对方进入相对积极、正面的情绪，从而把握住整个沟通的分寸。"身份"并不一定是特定的职位或者身份，它可以只是一个角色定位，比如什么样的人。那什么定位普遍可以被接受呢？答案是"正确的人"。所以沟通一开始，如果你能让对方感觉他是正确的一方，那对方就会进入相对积极、正面的情绪。

在电视剧新版《三国演义》里，孙刘抗曹时期，关羽在华容道放走曹操。吴国的鲁肃非常生气，但考虑到威震华夏的关云长是五虎上将之一，他对关羽说："关将军，你胯下千里赤兔马，手中青龙偃月刀，神勇无敌，怎么会拿不下一个穷途末路的曹操呢？"这句话能看出鲁肃的分寸感，他在阐述自己的想法前，先赞美和肯定了关羽一番，本来是一次质问，但经鲁肃的处理后，听上去更像在表达惋惜。鲁肃没有直接指责，表示不满，关羽听罢也就没再做反应。鲁肃给关羽留了面子，关羽也默默接受了这个质问。如果鲁肃不这么处理，反而上来就指责关羽呢？可能双方会起冲突甚至场面失控。

电视剧中的桥段如此，日常的沟通也是一样的。如果大家都有一开始就把握分寸的意识，很多矛盾大概率就不会发生了。在职场上，一开口就否定别人的情况，最常出现在领导批评下属时，处理不好就会导致上下级之间更深层的矛盾和怨恨。

我发现有些领导批评下属时，一开口可能就会说："你报告怎么写得这么差，错别字这么多，逻辑也不通顺，全篇都是废话，我根本就读不下去。"听到这样的话，如果你是下属，请问你的感觉是什么？

还有些领导会说："你报告提交得很及时，也是按照要求来写的，我看了一下，你要注意一下错别字，还有行文的逻辑，你看看有没有哪些地方可以再优化一下。"当你的领导这样批评你时，你听到后的感觉是怎样的？

对比前后两种说法。第一种简洁有力，彰显权威，同时也会留下很多"后遗症"。第二种没有那么直接和犀利，但下属听到后的感受会好些，更容易接受，"后遗症"也少。

先肯定别人的方式是有力量的，一个人不可能每件事都做不好，你一定可以在对方身上找到值得肯定的地方。比如，他的文稿质量差，但是写作速度快啊；他写作速度慢，但工作态度好啊。你要的不是打击对方，而是使对方避免下一次错误，能做得越来越好，所以一开始把握好分寸，后面的沟通就会顺畅些，问题也会好商量些。如果对方产生了对抗心理，原本可以商量的问题也不好商量了。

这种获得正反馈的处理方式，也非常适用于与孩子沟通，鼓励和肯定对于孩子的成长特别重要。如果孩子一件事情没有做好，有些家长会说："你怎么这么笨呢，粗心大意，这么简单的事都做不好。"这种说话方式，你要尽可能避免。记住先肯定，孩子需要你在心理和行为上接纳他有一个成长的过程，你可以说："你这次做得还是很用心的，是不是哪里大意了呀？下次在这种小问题上不要再马虎了，要吸取教训哈。"先给孩子部分的肯定，让他知道你是接纳他的，同时和孩子商量方法，以给他一些启发。长期使用这种沟通方式，孩子不仅会非常信任你，而且也拥有独立思考的能力，这对他的成长非常重要。

总结一下，先肯定再商定，并不是说所有的情况你都需要在最开始给予肯定，也不是说你要违心地赞美，这种方式的内在机理是，在沟通的最开始，赋予对方一个"正确的人"的角色，以便让沟通顺利进行。

### 先处理心情，再处理事情

回到分寸感公式，上文的"先肯定，再商定"，是从身份的角度考虑分寸的，接下来就从第二个关键词"情绪"的角度介绍如何"先处理心情，再处理事情"。

| 分寸感<br>(REL) | ≈ | 身份的分寸<br>(Role) | + | 情绪的分寸<br>(Emotion) | + | 语言的分寸<br>(Language) |
|---|---|---|---|---|---|---|

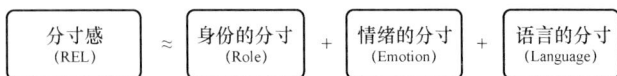

无论此刻你在干什么，你的心情都会影响你。当心情好时，可能做事情也顺利些，遇到问题也不那么纠结；但当心情不那么好时，就可能感觉诸事不顺。我们都一样，并不是每时每刻都处在一个比较好的状态里，当别人状态不好时，也没有义务一直配合我们的情绪。所以把握分寸的第二个模块，是想办法让对方进入正向的情绪。具体怎么做呢？

我有位优秀的学员，大家都叫他刘总。有一次我去他的企业拜访，一进大门他就拉着我说："陶老师，您教的方法真好用，我约了个员工一会儿谈话，您也看看我用得好不好。"刘总团队有个女生叫小丽，这两个月总迟到，而且情绪非常不稳定，有同事调侃她最近的表现，她直接回人家："关你屁事！"如果你是管理者，遇到这种情况，你会怎么跟这位员工沟通呢？可能有人会说"你最近怎么老迟到啊？你要遵守考勤纪律啊""这样影响多不好啊，下不为例啊"，等等。刘总是怎么沟通的呢？这里还原一下当时的场景，以供大家参考。

刘总先把她请到办公室坐下，给她倒了杯茶，说："小丽啊，看你脸色不太好，最近是身体不舒服吗？"刘总第一时间表示了对小丽的关心。

"你家里离公司不近，大早上爬起来挤地铁，挺辛苦的吧。

我以前也挤地铁，要早起，得定好几个闹钟早上才起得来床。"这句话中，刘总对小丽进行了共情，小丽听到后表情也变得轻松了一些。

"听同事说你最近经常迟到，不应该啊，我记得以前你的考勤情况挺好的，是最近有什么困难吗？"说完这句后，小丽就开口说话了，情绪很平稳，一五一十地述说了她的感受和想法。

"你现在的情况，我很理解。我和公司沟通一下有没有什么解决办法。接下来这个阶段，你先自己调整调整，争取不要迟到了，一个是迟到会扣钱，不值当；另一个是公司的制度咱们团队还是要遵守的。我接下来会辅助你做个工作效率优化计划，少熬夜，早点儿起，咱们力争解决这个问题，你看好不好？"小丽听后欣然答应。整个谈话过程中，小丽和同事吵架的事情，刘总压根儿不提。

在谈话中，刘总的分寸拿捏得特别好，这次谈话是一个很好的沟通范例。可以分析一下这次谈话，整个过程分为四个阶段：**接纳理解、倾听共情、协商计划和明确目标**。谈话中刘总从关心小丽的状态开始，到对她的处境表示理解，再到倾听小丽的心声，最后才与小丽商讨如何处理当前的迟到问题。其中最重要的是前两个阶段，接纳理解和倾听共情，尤其是倾听共情。通过共情，可以让对抗的状态转变为愿意配合的状态，心理环境变了，情绪就变了，后面的协商就变得容易了。

回到刚才的问题，怎么让对方进入正面的情绪呢？最好的方式就是共情。有些人天生就具有共情的能力，很容易和别人产生情绪和情感的共鸣。当然，没有这项天赋也不要紧，你可以技术性地处理。很多人对共情的理解是有误区的，以为专注地听对方讲，"嗯嗯嗯"地表示肯定，或者复述对方讲的话就可以让对方感觉到共情。实际上这样做往往会因为显得过于刻意而弄巧成拙。

那共情这件事，到底该怎么技术性地处理呢？首先要记住，你共情的目标是让对方进入正面的情绪，而不是为了安慰对方而和他一起进入负面的情绪。明确这个目标后，可以把共情的过程分为三步。

第一步，以正面的情绪关心对方。让自己的心理状态保持正向，不然你很容易被对方的坏情绪带到沟里。用正面的情绪向对方表达一种积极的接纳。

第二步，通过倾听来表达理解，或者因为想进一步理解而专注地倾听。真的理解是有前提条件的，不要凭空想象，好像自己很懂对方一样，这会导致对方觉得你是站在你的角度判断他，这样就很难有共情的效果。

第三步，代入对方的角度，思考如果自己是对方，怎样做更好，再用语言表达正面积极的感受。如果这个月不迟到了，会有哪些好处，这就是刘总和小丽沟通时的思路。

通过这三步，你就可以将对方逐步引入积极正面的情绪。大多数人是具有共情能力的，相信你会了这种方法后，就可以通过共情让沟通顺利进行了。我再强调一下，真正的共情不是为了安慰而和对方陷入泥潭，而是为了鼓励而一起面向阳光。

---

**知识**

分寸感公式：

分寸感 = 身份的分寸 + 情绪的分寸 + 语言的分寸

**行动**

一周内，每次说话前刻意向对方表示肯定和认可，留意沟通时感觉的变化。

---

## 2. 妥协，是换个姿势再次拥抱

《吕氏春秋》中的《开春》，讲了一个关于封人（典守封疆、掌管筑城事务的官员）子高的故事。当时，韩国要修筑新城墙，要求十五天完成，段乔被任命为司空，掌管土木。有一个县拖延了两天，段乔就把就县官囚禁了起来。县官的儿子向子高求助。子高接受请求后就打算去拜见段乔，他知道段乔虽严于政令，但也通情达理。见到段乔，子高登上城墙，左右观望后说："美哉城乎！一大功矣，子必有厚赏矣！自古及今，功若此其大也，而能无有罪戮者，未尝有也。"子高这句话说得非常高明，我们翻译一下："这城墙修得真漂亮啊！这可是一件大功，您一定能得到重赏。从古至今，功劳如此之大，又不处罚、杀戮一个人，这样的人我就没听过啊。"

子高说这段话的目的是说服段乔释放囚禁的县官，但你听到这段话时的感觉是怎样的？第一感觉是被赞美。如果你是段乔，你接话的时候，会选择"大功"的角度，还是"罪戮"的角度呢？这段话的高明之处就在于，子高把他的需求藏在了对段乔的赞美之中。段乔听到这番赞美，自然明白子高的意思，虽然明面上没说什么，但派人夜里去解开了被囚禁县官身上的绳子。

这个故事很经典，可以给人们关于如何为人处世的启发。从说话分寸的角度，这个故事告诉人们的最关键的一点，就是说话要**恰到好处**。子高话虽不多，但恰到好处，既照顾了段乔的面子，又暗示了自己的想法。在说话办事时，可以参考子高的处理方式。恰到好处不是迎合也不是冒犯，而是**各取所需**。各取所需就是让双方诉求恰到好处地相交。子高和段乔的沟通既接触了段乔的心理安全区，又没有冒犯安全区。如果极端一点，子高以封人的身份直接对段乔说："这个人你得放，虽然修墙有功，但你不放人，就是不给我面子。"那结果就可能完全不同了，县官甚至可能会丢了性命。

这种恰到好处、各取所需的说话方式，正是情商的体现，通过照顾别人的感受换回自己需要的东西。实质上，这种说话方式也是一种"**妥协**"。妥协不是放弃，也不是认怂，而是在"各取所需"的过程中实现"恰到好处"，通过以退为进，给双方拥抱的机会。这种分寸感可以帮助你处理复杂的人际关系，而且有了妥协的意识后，你说话时会更有分寸感。接下来介绍三种高情商的妥协方式。

**坏话好说**

这里所说的坏话，是指有损别人形象的话。一个人的形象可以给别人留下印象，而**印象是非常重要的人际资源**。几分钟里给别人留下的第一印象，可能五年、十年都不会变。长期交往给别人留下的印象，可能一直都不会变。面对一件很多人想做的事，别人为什么会想到你？好印象起了至关重要的作用。如果别人破坏你的形象，你会愿意吗？

同样，你破坏别人的形象，别人会愿意吗？破坏别人的形象就等于破坏别人的人际资源。形象是社交安全的要素，不要去破坏别人的这种安全感。平时有些人最容易出现的问题，就是通过贬低别人来抬高自己，这种行为是让人很反感的。你破坏别人的形象，就一定会遭到别人的反击。当众说让别人难堪的话，只是让别人难堪了吗？不，其实是让在场的人都难堪，最后难堪的是自己。这个分寸要把握好，即使你们关系非常好，私下可以开玩笑，也不要当众说有损别人形象的话。

三国时期有位名士叫许攸，原为袁绍的谋士，官渡之战时因家人被捕而投奔曹操，后为曹操献计奇袭乌巢大败袁绍，又随曹操平定冀州。但从此之后，许攸常自恃有功而口出狂言。因为他与曹操自小就相识，因此常常直呼曹操小名"阿瞒"，也不注意是私下还是在公众场合，甚至轻慢地跟曹操说："阿瞒，没有我，你就得不到冀州。"这种话谁听了心里都会堵得慌，曹操虽然嘴上附和"你说得对"，但心里非常不愉快。有一次，许攸经过邺城东门，随口对周围的人说："他们曹家人没有我，都进不了此门。"这句看似玩笑的话传入曹操的耳朵，曹操不再包容，许攸因此被收入大牢，最后被杀。

其实这事不能全怪曹操生性多疑，许攸言行置曹操的身份形象于不顾，甚至都有些否定曹操的意思了，这几乎完全失了分寸。每个人的忍耐都是有限度的，别人不爆发不代表你做得对，很可能只是你还没触及别人的底线而已。按理说，许攸以他的才能和与曹操的关系，本可以有更大的作为，可他偏偏管不住嘴，失了分寸，逞一时口舌之快，给自己招来杀身之祸。开玩笑是有尺度的，拿自己的糗事开玩笑活跃气氛，算是一种幽默；拿别人的短处开玩笑，那就是自找没趣了。

常言道，说者无意，听者有心。如果沟通时不可避免地要提及别人的负面形象，最好的处理方式就是"坏话好说"。坏话好说的重点是转换角度。比如一位女士体形偏胖，你在一期健身课上不可避免地要提及她的体形，如果你说"她很胖，目测 180

多斤吧"，请问这位女士和周围的人的感觉如何？如果转换一下表达的角度，你可以说"她气质很好，很有富贵气啊"，可能大家也能听出你的意思，但是不是大家的感觉会更好一些？这就是分寸，人际交往中，并不是你说的每一句话都需要直指事实，人际交往不是科学研究，而是为了让大家更好地共存，给彼此留足弹性空间。如果想更好地控制弹性空间，你可以坏话全不说，好话不全说，而且除了要会坏话好说外，别人说坏话时你也要懂得如何处理。

如果有些人跟你说话时没有分寸，拿你的短处开玩笑，私下你可以和他互"黑"，相互调侃，这样可以拉近彼此的距离。但如果他当着众人这么做，你可以这样应对：私下对对方说"麻烦下次不要当众聊这些内容，我有些介意"，如果他下次依然如此，你可以直接当众回击他"你总说我胖、肚子大，实在不好意思，这么个小缺点让你这么操心，害得你都秃顶了"。要用明确的反击告诉他，你不是不会或者不能用这样的方式跟他聊天，谁都可以盯着别人的缺点讽刺挖苦，你不这么做是因为修养，你不像他这样没分寸。

**长话短说**

平时工作中，如果遇到那种说半天都说不到重点的人，你会怎么和他沟通？很多人会一直忍到自己实在不耐烦时，才说一句："你到底想表达什么？"可当你说出这句话时，他就一定能说到重点吗？你可能只会看到他一脸疑惑，那意思就是"我还没说完呢"；也可能他看到你的不耐烦，也产生了负面情绪。

我也遇到过这种情况。公司的一个新人找我对接一个项目，但说了两分钟也没说出个一二三，我看他也有点急，就对他说："阿亮，不好意思哈，这会儿领导找我有个急事，我们得一会儿再聊。可不可以这样，你把现在要对接的工作的核心内容，编辑成一条信息发给我，一会儿我好了去找你。"其实，我当时并没有急事，我只是手头上有一项工作正在进行，不想他耽误我太多时间，同时也想让他梳理一下重点。在这种情况下，写一段文字是最好的方式，文字能写清楚，说起来就更清晰了。这种方式既能给双方节省时间，又避免出现没必要的负面情绪，也方便再次对接工作时长话短说。这次沟通，我为什么要这么处理呢？关键还是分寸。

阿亮作为新人，不一定能意识到准备工作的重要性，而且他啰唆的表达方式会浪费别人的时间，但我是有这种意识的，对方青涩一点我就老练一点，主动干预一下沟通的节奏，这本身就是在把握分寸，一种长话短说的分寸。这里具体介绍一下什么是"长话短说"，除了长话短说本身的意思外，还有说话分寸的角度，合起来长话短说其实有四个含义。

第一个含义，言多必失。人们常说的言多必失，出自《鬼谷子·中经》中的"言多必有数短之处"。可以用这两种方式理解"数短之处"。一是说话的时间越长、内容越多，就越有可能说错话，比如内容失真，或者说到了别人的禁忌话题，或者你说的与别人的价值观有冲突等。而且沟通时你所表达的和别人接收到的也不一定是一个意思，别人的理解难免出现偏差。二是话说多了会让别人感觉到不被信任，比如给下属交代工作，不要啰唆，说得太多可能会遭到反击或者招人厌烦，下属虽然嘴上不说，但心里会想："你对我是有多不放心，一遍又一遍地说。"如果下属心里已经这么想了，就说明你没把握好分寸，说多了。

第二个含义，简化表达。简化的表达表面上是清晰的逻辑和精练的语言，底层其实是一种信任和尊重。因为你确认别人是够格的，不用顾虑话题之外的很多因素，比如情绪、心态等，你才会直言不讳。如果一开始就认为别人可能听不懂，你就会不断地解释，但解释多了别人就会觉得你看不上他。这就是一种缺乏尊重的表现，也失了分寸。

第三个含义，点到为止。如果一次沟通要用十分钟，你打算自己说几分钟，留给别人几分钟。这就是对点到为止的理解，礼让。礼让的关键不是你少说点，而是让别人多说点，在有限的时间内，把握说话时间的分寸。这就好比大家聚会一起去唱歌，有些人虽然歌唱得好，但从头到尾"霸占"麦克风，是不是也挺招人烦的？

第四个含义，倾听。如果你有很好的倾听意识，就肯定能满足前面三个含义的要求。人们常说"两年学说话，一生学闭嘴"，我稍微改一下："两年学说话，一生学倾听。"倾听的分寸感就是当别人的表达欲很旺盛时，你就认真地听，能听清楚别人的弦外之音，你就可以更好地回答别人。倾听在于满足别人的表达欲，你愿意听别人说话，别人也就愿意听你说，即使听到不同的观点，你也不妨先听听再说。倾听的反面是倾诉，有很好的倾听意识，倾诉时自然不会有什么大问题。只是有负面情绪时，不要过度倾诉，没有谁愿意一直听别人倾倒情绪垃圾，谁都有要消化的情绪，没有人有精力每天帮别人消化。把倾诉和倾听放在一起理解，可以发现倾听表面上是一种沟通技巧，实际上是内心对听和说的分寸感。

## 硬话软说

有个寓意很好的故事《北风和南风》，讲的是北风和南风比赛，看谁力量大，看谁能让行人把身上的大衣脱掉。北风首先呼啸而过，寒冷刺骨，结果行人用大衣裹紧了自己。北风看吹不掉衣服，就更用力地吹，结果行人把大衣裹得越来越紧。等到南风上场的时候，南风不紧不慢，伴着暖阳徐徐地吹，行人感觉到温暖，就慢慢脱掉了大衣。

有时人与人的相处也是这样。你很有力量，很直接，可能会使别人感到一股寒意，别人只会把自己抱得更紧；你做事从容不迫，润物细无声，别人自然会感受到你的温和，就会对你敞开怀抱。后者对应的沟通技巧叫硬话软说。硬话软说除了有说话温和、柔软一些的意思外，还有以下几种意思。

第一，人贵语迟。急话慢说，越是着急说话，语气就越容易生硬，力量的分寸就越不好把握。其实平时说话根本不必着急。这里简单用时间的维度来衡量一下，一件事你能用五秒说完，慢慢说的话十五秒也能说完，你觉得你差这十秒吗？很多话想好了再说是来得及的，而且慢慢说也不会给对方过多的情绪压力。同样，如果别人很着急地跟你说话，你也不必被带着走。说话时切记要脑子比嘴快，而不要嘴比脑子快。你可以直接跟别人说："您说完了吗？我需要稍微想一下。"这种稳健的回复方式，会让节奏缓下来，也会让别人更重视你接下来的回复，因为你的回复是经过思考的。

第二，得理饶人。与人交往不逞口舌之快。有些人很自负，习惯自我夸耀，他们喜欢掌握话语权，喜欢处处占上风以显示自己很强，如果得了理，那更是嘴上不饶人。但从人际关系质量的角度看，这些人真的赢了吗？未必。不要逞口舌之快，尤其是你明确地知道彼此的认知不在一个层面的时候，同夏虫语冰，既失身份又失分寸。如果别人非要争个高下，你可以说："我感觉你说得很对，不过我可能要消化一下，现在脑袋转不动了，过几天再聊呗。"你也可以直接换个话题，或者表示认可后找借口走掉。

不然，如果你话说得很硬，大概率会换来两个结果，要么这个人对你恶语相向或者翻脸与你吵架，要么他没占上风就背地里说你坏话。闹到这种局面着实没必要，你无须在这些事情上花费过多的心思。因为这种人会通过一些没什么真实价值，但可以显得自己很厉害的事情，来消耗你的时间和精力。这类没意义的沟通要尽量回避。相信我，遇到这种情况，即使你是占理的一方，最好的方案也是把问题留给时间。

第三，换个说法。硬话软说就是指有时换个身份、换个角度、换个说法，会有截然不同的效果。在这里，我讲一个明太祖朱元璋的故事。他的两个儿时玩伴来找他攀关系，因为不同的说法，得到了截然不同的结果。

一天，有个自称是朱元璋发小的人来找他，见到朱元璋，行完跪拜礼后，说道："皇上，您还记得当年有个小将军和大家骑角马，大战豌豆城，跑走了汤元帅，活捉豆将军凯旋的事情吗？"听他这么一说，朱元璋回忆了一下，才想起当年一群放牛娃偷豌豆汤的事情，随即开怀大笑，赏赐了这个发小钱帛和官职。

另一个人听说了这事，也去找朱元璋攀关系。一听又有小伙伴来见，朱元璋很热情地接见了这个人。然而，为了体现儿时的关系亲密，这个人居然在朝堂上当着文武百官的面称呼朱元璋小时候的名字"朱重八"，还一五一十地讲了小时候一起偷豌豆汤的事。这个行为是什么？这就是在告诉大家眼前的这个皇帝，以前是个小偷。朱元璋很难堪，面子实在挂不住了，所以没等这个人讲完，就说此人是骗子，冒充他的发小，该斩。这个人不仅没攀上关系，还丢了性命。

同样的事情，不同的说法，换来的是全然不同的结果。其实你说出来的每句话，都是有效果的。你说话时要注意，尽可能地捧别人，而非"踩"别人，不要揭露别人的短处，尤其是当这些短处不符合别人现在的身份时，开玩笑更要慎重，不然就失了分寸。

换个说法，是一种语言转换能力。你可能对事情本身进行了加工和包装，但让大家都觉得心里舒服，这就拿住了分寸。如果所有的事情，你都只是一五一十地讲述，那很可能事与愿违。原因不是你讲得不对，而是分寸不对。

现在总结一下这部分的内容。把握说话的分寸，其实并不局限于说话本身。根据分寸感公式，你知道把握分寸可以从身份、情绪和语言三个角度入手，处理时要尽可能给别人留出弹性空间，给别人说话的时间和余地，这样彼此的心理安全感和舒适度才有保障。分寸感其实是一种综合考量，没有绝对的标准，你给别人留空间，别人才会给你留余地。

老子在《道德经》中说："知其雄，守其雌，为天下谿。"你知道自己的优点，也知道自己的不足；知道自己哪些部分有攻击性、侵略性，也知道自己哪里薄弱、柔软。在和别人交往的过程中，如果你能够保持一种柔软、柔和的态度，那将非常难得，这是一种包容的力量，是大道。只喜欢用自己最锋利的一面，去刺痛别人最柔软的部分，这其中有恶。能够用自己柔软的一面去承载和包容别人锋利的一面，这其中有善。

更多时候妥协需要的不是技巧，而是心境和勇气。真正让一个人妥协的不是技巧，而是对生命本身的热爱。

**知识**

三种最常用的妥协方式——坏话好说、长话短说、硬话软说。

**行动**

在工作中使用分寸感公式，捕捉自己在调整身份、情绪和语言时的感觉，并据此对调整行为进行优化。

# 第四章

# 节奏，是顺畅沟通的艺术

# 一、把握沟通节奏的三个核心意识

就在准备写这部分文字的时候，一位同事来找我，跟我说她打算离职。我问她原因，她说："最近工作压力太大了，感觉事情根本做不完，还得'背锅'，被批评。而且跟另一个部门的新人对接工作很吃力。"

我一边听她发牢骚，一边给她沏茶，等她心里的这股劲差不多发泄完了，我说："凭你的能力，现在的工作根本就是小菜一碟，而且刚才我已经听出来了，你有思路，就先按你的思路做吧。如果跨部门合作和考核有压力，你回去明确列一下需求，我辅助你推进，可行吗？"她说可行，我又说："如果只是工作压力的问题，离职的事情发发牢骚就行了，工作还是得发挥出你的水平，别对自己要求低了，很多人拿你当标杆呢。"她离开前说了句："跟你聊天真舒服。"

你判断一下，她这次找我沟通的核心话题是什么？是要离职，还是想获得一次肯定和支持？当然是后者，所以这次沟通的重点不是和她聊离职的问题，而是让她把憋在心里的委屈和牢骚发泄出来，和她聊接下来如何工作的问题。她不缺思路，也不缺解决问题的能力，所以我只是三言两语，她就说"跟你聊天真舒服"。什么是会聊天？会聊天就是抓住核心问题，解决核心问题，同时还让别人心里舒服。

生活中你有没有遇到过这样的人，平时话不多，但一张嘴就能说到点子上，而且你听了舒服，也信服，即使在有很多人的场合，他也能把大家的感受照顾到。这种人表面上看是会聊天、会说话，其实内核是具备控制节奏的能力，知道什么时候该说、什么时候不该说，知道哪些该说、哪些不该说，知道该多说还是该少说。

语言是有节奏的艺术。说同样一段话，不会聊天的人一开口就让你浑身难受，会聊天的人全程让你身心舒畅。跟其他艺术形式一样，语言能给人美的体验。**节奏，其实就是顺畅沟通的艺术。**

## 1. 调频，是顺畅的第一步

聊"调频"这个概念之前，我们先聊一下什么是"顺畅"。顺畅是一种感觉，用大白话来讲就是逻辑清晰，表达精准、流畅，听起来舒服，不让人堵得慌。说得理论化一点，顺畅就是目标和节点的节奏都处理得很好。

人与人交流时，顺畅的感受非常重要。让对方感觉顺畅，是非常核心的沟通能力。那到底什么是顺畅呢？顺畅主要包含两个含义——"顺"和"畅"。

顺，是指交流朝着一个方向，顺应客观形势或者合乎心意。沟通时，顺就是一种方向感和目标感，沟通之前你要预想一下，沟通会朝着什么方向发展，当走向符合你的期待时，你会觉得比较顺。如果双方都觉得走向符合内心的期待，能够达成共识，那沟通就会非常顺。

畅的本义是子孙繁衍，子子孙孙无穷尽也。后引申为无阻碍、无间断，以及茂盛之意。把这种意思代入沟通中，就是指那种酒逢知己千杯少，有来有回、聊得火热的感觉。

明确了概念后你自然知道，要使沟通变得顺畅，需要做到两点。第一，要明确沟通的方向和目标。方向和目标定了，就意味着你在心里已经预判了这次沟通的起点和终点。第二，明确了起点和终点后，要把握好节奏。这就好像参加 110 米栏比赛，明确了跑道后，剩下的就是每个阶段怎么跑，每个栏怎么跨的问题了。

要把握好节奏，需要处理好沟通的每一个阶段，第一个阶段就是调频。可以这么说，无论什么形式的沟通，第一个阶段都是调频。这里先从广义角度说一下调频这件事。

你去参加一个会议，会议要求里有一条，需正装出席。

你的妻子要和你聊天，让你先把手机放下。

参加军训时，大家都要练习正步走。

你去一些商场、超市购物，商家要求只有会员才能进场。

从广义上来讲，这四件事都是调频，用外观、情绪、场景或身份的条件把你框在一个相对确定的状态里，本质上都是一种调频。调频的根本价值在于降低沟通成本，提升沟通效率。牛要吃草，你非要弹琴，不在一个频道，就不会建立起真正有效的沟通。

这里把"调频"的概念放到微观层面来解释，单指人与人之间的沟通时的"频率"调整。我们常说"道不同不相为谋"，调到相同的频率是良好沟通的前提。那什么是相同的频率呢？

我儿子两岁多时，有一次他的玩具枪电池没电了，他跑过来找我，奶声奶气地说："爸爸，枪坏了。"我一看是电池没电了，就下意识地说："儿子，电池没电了。"结果他一听，哇地就哭了，特别委屈。我一着急，又说："电池没电了，换新电池就可以了。"他听我说的时候，眼神很空洞，我突然意识到，他知道电池，但并不知道什么是没电了，电这个概念对他来说太抽象了，他的词库里就没有这个词。我赶紧换了个说法："宝贝儿，没关系的，电池只是睡觉觉了。"他一听我这么说，马上说："爸爸，那让电池别睡了啊。"我说："好，那你先不哭了好不好，爸爸让电池别睡了。"他马上就不哭了，这就是相同的频率，也就是同频。同频就是用对方更容易接受的姿态和听得懂的语言跟对方沟通，就这么简单。

这种同频是一种认知的同频，更多时候是一种降维调频，因为升维太难了，不是短时间内想升就能升上去的。一米八高的人可以蹲到一米，一米高的人就算站得再直也到不了一米八。

然而，并不是所有沟通中的同频都是认知同频。为什么孩子哭，你就会难受？你说不哭了，他就真的不哭了？这其实也是一种同频，即情感的同频。人们的认知的确是有差异的，但人类基本的情感却是一致的，比如爱、恨、快乐、悲伤等，这些情感，不会因为你是南半球的人或是北半球的人而不同，这是人类的共性。

综合上面这两种情况，认知的同频和情感的同频，就形成了沟通的同频。这里先介绍因为认知不同而形成的"沟通视窗"。沟通视窗又名"乔哈里视窗"，其对应的理论被称为自我意识发现的沟通理论。沟通视窗将沟通信息比作一扇窗子，有四个区域——开放区域、隐藏区域、盲目区域和未知区域，如下图所示。对这四个区域信息的融合程度，决定你的沟通节奏和效率。

沟通视窗

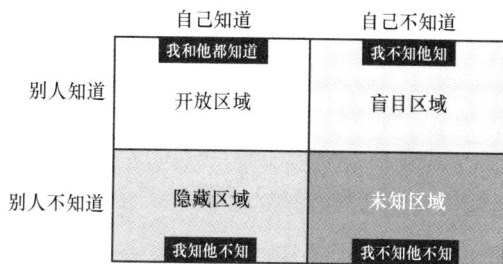

沟通时，我们应该怎么把握节奏，是多说、多问，还是多倾听呢？其实答案不是绝对的。多数情况下，首要的问题是调频，而且是强制调频。误会是怎么产生的？对方以为你知道，但是你并不知道；你以为对方不知道，但实际上对方知道。所以想要进行高效的沟通，就要在沟通前尽可能同步信息，这是沟通开始阶段的调频。

从沟通视窗来看，最好的沟通区域是开放区域，因为信息同步，沟通起来是最顺畅的。但现实生活中，你还是会遇到在不同区域沟通的问题，这里主要介绍在以下三种区域中沟通的处理方式。

第一种，开放区域。在这个区域沟通是最理想的情况，双方的认知频率很相近，这时候你只需锁定话题范围。比如，两人是多年的球友，对足球都很了解，你就可以直接和对方说："昨晚巴萨和皇马的比赛看得真过瘾。"一句话就可以让你们同频，这是最容易的情况。

第二种，隐藏区域，即有的信息你知道，但对方不知道。这种情况下，如果你默认对方知道，就会用想当然的语气和对方说："小张，这件事情你怎么还没做呢？"但实际上对方可能一头雾水，根本不知道你说的事情是什么。实际上，当你不确定对方知不知道的时候，你首先要保证信息同步，可以用商量的语气和对方说："小张，接下来的工作有几处大的调整，不知道你是否清楚，我们先同步一下吧。"说完这句话，听对方的反馈，你就知道该同步什么信息了。这个过程就是调频，尽可能"拉齐"大家的认知，缩小信息差，避免不必要的误会。

第三种，盲目区域，即有的信息对方知道，但你不知道。

你在这种情况下会有些被动，你要向更高频的认知主动靠拢。虽然通过上文对第二种情况的介绍，你已经知道了若自己处在隐藏区域该怎么做，但平时很多人根本没有提前调频的沟通意识，所以对方即使知道，也很难主动和你先统一认知。所以如果遇到这种情况，你可以用请教的语气和对方说："王经理，有个事情要请教一下，接下来这个项目有几处我还不是很清楚，可以给我几分钟吗？"这是一种沟通意识，在职场上尤其重要。当自己不知道时，不要磨不开面子，要积极、谦虚地问，后续的沟通效率才会高。

在这三种情况下，都要从信息储备和认知的角度来调整频率，频率越接近，沟通的效率就越高，感觉也会越好。但是如果你努力了，依然无法使双方的频率接近，怎么办呢？还有情感的同频这种方式可以使用。接下来介绍如何实现情感同频。

---

**知识**

"沟通视窗"的四个区域及顺畅沟通的第一个意识——调频。

**行动**

完整表述"沟通视窗"的四个区域。

## 2."变态"法则

老子在《道德经》中说:"上善若水,水善利万物而不争。"水可以滋养万物而不与万物相争。水会因环境不同而变化,温度低时可以变成冰,温度高时可以变成气。或许正是因为有这种因变而变,又万变不离其"宗"的特质,水才能够利万物。

水在固液气三种形态之间转换,就是"变态"。这里说的变态不是什么坏事,只是自然的一种规律。水的这种特质使人思考:人们在处理人际关系的时候,能不能既保有自己的本色,同时又因变而变,在各种情绪和状态中自如切换呢?

答案是肯定的。对人而言,"变态"不是一件坏事,而是一条很好的生存法则。我把这种因变而变又万变不离其"宗",若水一般的法则,称为**"变态"法则**。

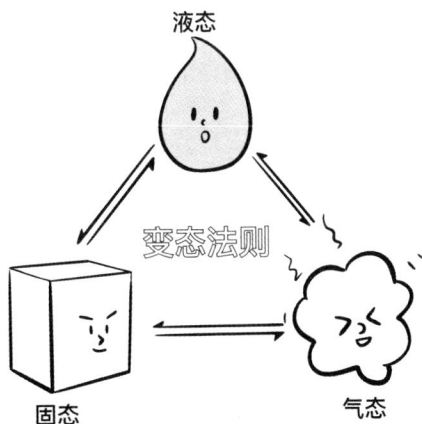

人们常说"见人说人话，见神说神话"，意思是说话要灵活，其内里所表达的也是变态的意思。情商高的人就有这种灵活性，即使跟不同领域、没什么生活交集或者认知层面不同的人聊天，沟通也会非常顺畅，原因就在于他们懂得同频，尤其是情绪的同频。变态法则所体现的更多是情绪的同频，而不是认知的同频。如果你和一个不苟言笑、面若冰霜的人聊天，会不会有一丝寒意？如果你要交流的人手舞足蹈、眉飞色舞，你会不会也感觉要"飘"了？

看到别人手上拿着一块冰，你也会觉得冻手，这是感受的同频。你的朋友升职加薪了，你一听到这个消息就想和他一起庆祝，这是情绪的同频。高情商的人善于管理感受和情绪，这种管理能力中非常核心的一项就是变态能力，真正高情商的人都拥有水的一样的变态能力。只有拥有了变态能力，才能更好地践行变态法则。

比如平时跟小孩子说话，你的声音就会不自觉地上扬，音调会变高，声音也会变得萌萌的。有时我们丢失了这种天赋的行为，被后天的条件限制了。如果你能冲破这些限制，文化的也好，理念的也好，往往就会找回你最自然的状态。你知道自己自然的状态是怎样的，变态的时候就有了基准，操作起来就更容易。对自己的自然状态有清楚的认知是变态的基础，但要用好变态法则，还要能够识别他人的情况。每个人都有自己的行为模式，如果能够识别这些模式并加以利用，沟通时你会更有章法。

接下来介绍如何识别他人的行为模式。用红、黄、蓝、绿四种颜色来区分不同的模式，如下图所示。你觉得下面这几种人，分别对应哪种颜色？

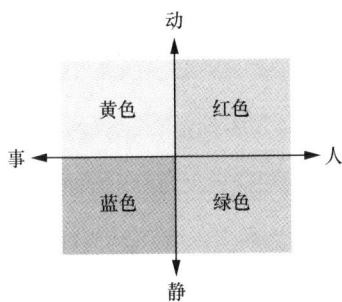

你周围会有这样的人，平时对人特别热情奔放，有时候甚至"人来疯"，生气了也总是转头就忘，你看到他时总感觉很欢乐。如果选一种颜色来表达你对这种人的感觉，那么大概率是红色。

你身边也会有这样的人，平时很冷静、很理性，对人不怎么热情，有时甚至看起来有些忧郁，聊到什么问题都会问问原因，分析分析逻辑，甚至用数据来说明。如果选一种颜色来表达你对这种人的感觉，你会选什么？我猜大概率是蓝色。

另外一种人，平时做事目标明确，十分善于自驱，你感觉他身上好像总有用不完的劲，自带气场，有时甚至会给人一种压迫感。平时工作中，他也没什么废话，说话言简意赅、掷地有声，渴望获得成就，喜欢争第一，对别人是否尊敬他、是否给他面子特别在意。对于有这种倾向的人，你是不是觉得他身上仿佛在发金光？这是一种有收获、有成果的感觉，可以用黄色或者橙色来表示。

还有一种人，平时话不多，说话也是轻声细语的，你很少看到他生气，即使发脾气了，感觉好像也只是叹了口气而已。聊天时，他很柔和，你在他身上感受不到压迫感和咄咄逼人，你说什么他都很包容，还经常会照顾你的情绪。这么平和的特质，是不是给人一种绿色的治愈感？

这里用不同的颜色来表示上面这四种行为倾向，只是为了更好地与感觉关联，帮助我们感知和记忆。

行为倾向的含义不是绝对的，也不是标签。其实每个人身上都存在这四种行为倾向，区别在于你能否自主切换。

日常工作中，我的行为更倾向于金黄色所代表的内容，但如果把这种行为倾向带到家庭生活中，就容易和家里人产生争执和矛盾。所以，回到家里，陪家里人时，我就会切换到红色或绿色代表的状态里。但如果我在书房里写书或者工作，我就会自动切换到蓝色代表的行为倾向，安静、严肃。

平时有些人的倾向是红色的，有些人的倾向是蓝色的。要让沟通顺畅，就要知己知彼，不仅知道别人和自己的倾向，还能自主切换倾向，那沟通就可以百聊百顺了。当然，自主切换说起来容易，做起来还是需要方法的。

心理学领域有一个"ABC 法则"，说的是同一件事，刺激不同的人，会引起不同的感受和行为选择，甚至对同一个人施加同一种刺激，不同的时间也会有不同的结果。其主要原因并不是刺激本身，而是人的想法和信念。如下图所示。

触发事件 (Activating Event) → 信念 (Beliefs) → 引起的感受 (Consequence)

想法和信念是如何影响一个人的行为的呢？

这里举个例子，你作为男人，每次和女人沟通前，心中都默念"唯女子与小人难养也"，请问，你该怎么和女人沟通？对方听你说话的感觉会怎样？同样，作为女人，你心里总有一个声音："男人没有一个好东西。"这些想法整天放在脑中，你该如何与男人相处？对方会不会有种一直被审视的感觉？你喜欢一直被审视吗？

不要孤立地看一个人的想法和信念，口乃心之门户，怎么说话取决于你有着怎样的想法和信念。面对一件同样的事，不同的人往往会有截然不同的行为。这就是信念的作用，你相信你的行为会让你认为的结果出现。

理解了信念的作用后，就可以将"ABC 法则"代入沟通场景，融入"变态法则"，再把状态切换的过程细化为"三态"：事态、心态和语态。如下图所示。

| 事态<br>（客观的事件） | → | 心态<br>（主观的心理感受或解读） | → | 语态<br>（沟通的行为） |
|---|---|---|---|---|

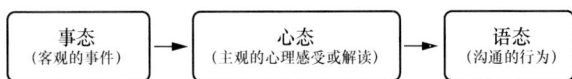

在新励成"当众讲话"的课堂上，很多刚开始练习的学员会出现这种情况，由于紧张，一上台就先解释："大家好！抱歉，我有点紧张。"结果说完之后，自己真的越来越紧张，台下的学员也跟着变得紧张，气氛一下就紧张了。我们用"三态"来描述一下这个过程。

事态（客观的事件）：某学员进行当众讲话训练，上台后面对大家开口讲话。

心态（主观的心理感受）：想向大家解释一下自己紧张，缓解一下心理压力。

语态（沟通的行为）：直接对台下的学员说"我有点紧张"。

这个过程虽然是在为自己解释，但并没有达到预期的效果，反倒是台下的学员跟他一起紧张。这里可以调整一下信念和想法，把当众讲话训练重新进行解读："能够上台讲话是一次难得的训练机会，我希望自己兴奋一点，好好发挥、好好练，回到工作中就可以进行精彩的演讲啦。"这样的解读再用"三态"描述一下会发生什么。

事态（客观的事件）：某学员进行当众讲话训练，上台后面对大家开口讲话，这个是没变的。

心态（主观的心理感受）：抓住这次学习和训练机会，展示一下自己，也让老师和学员们给看看，指导一下。

语态（沟通的行为）：上台后对同学们说"大家好，看到你们，我现在感觉有点兴奋"。

当你听到这样的表达后，感觉怎么样？这样的表达往往能换来热烈的掌声和欢声笑语，气氛一下就好起来了，台上的学员往往就放松些了，训练的效果也出来了。心态对行为的影响是立竿见影的，转变一下想法，换个角度思考，就会峰回路转。

变态法则是把握节奏的一个核心意识。懂得变态才能灵活切换自己的状态，沟通时才会有弹性处理的空间。"三态"作为方法论，能够帮助你更好地调整自己的状态。

有了同频和变态的意识后，下一步就是让频率和状态产生真正的链接。

---

**知识**

处理人际关系时因变而变又万变不离其"宗"，若水一般的法则，叫"变态"法则。

**行动**

当工作和生活中遇到不顺心的沟通时，用"变态"法则调整自己，再进行表达，看看能否拿回沟通的主动权。

---

## 3. 顺畅，是一系列有效的链接

如果想要沟通顺畅进行，记住一个词——链接。当你不知话该如何说的时候，当你情绪失控的时候，当你犹豫要不要说的时候，你就问自己一个问题："这样做更有利于我们进一步的链接吗？"

很多人经历过那种突然安静下来，不知道说什么的场景，有时候是私下两个人，有时候是一群人。当这种情况出现的时候，气氛多少有点尴尬，当事人会想找个话题让聊天继续。如何找话题是学员们最关心的问题之一。话题可以与沟通目标相关，也可以与沟通节点相关。平时所说的"找话题"并不是如何找目标，而是如何顺利通过沟通的各个节点，让沟通顺畅进行下去。

如何开启话题？话题断了怎么办？如何结束对话？相对于这些问题，"找话题"只是一个表层的需求，要真正解决找话题的问题，就得把握深层的核心问题——链接。你为什么要找话题呢？有时并不是因为你真的就想聊这个话题，而是这个话题可以让你与对方更好地链接。链接是沟通的整体感觉，但不是要沟通双方严丝合缝地连在一起。这就好比合上衣服有拉拉链和扣扣子两种方式，沟通过程中你可以使用紧密、连续的方式进行链接，也可以用松散、间隔的方式进行链接。关键不在于紧密还是松散，而在于链接点是否有效。链接点就好比衣服上的拉链或扣子，不论使用哪种方式，能合上衣服就是有效的。

只有把握好链接点，才能产生有效的链接。链接可以是情感链接，可以是利益链接，也可以是兴趣链接。以后你找话题的时候，先做一下判断，如果你找的话题不能帮助双方更好地链接，那就不是个好话题。有了这个意识后，你要做的就是区分好链接点和话题了，怎么区分呢？这里举个例子。

你和一个客户约在一家咖啡厅谈事。沟通刚开始时，你打算从兴趣入手，聊聊足球。你很喜欢巴塞罗那，是梅西的"铁粉"，于是开始聊巴萨，以为这是个很好的话题，结果聊了一半才发现，对方是 C 罗的狂热粉丝，喜欢的是皇家马德里，气氛瞬间变得很尴尬。你以为对方的兴趣是足球，就选择了足球作为话题，却没有跟对方链接上，反而让对方不愉快。

你以为找到了一个合适的话题，对方却不感冒，一旦这样的情况出现，沟通就很难顺畅了。这里分析一下这个情况。足球是你的兴趣，也是个备选话题，如果你想以此为链接点，可以先向对方确认："您喜欢足球吗？"足球作为话题范围很大，你需要一个更具体的话题作为切入点来产生链接，比如问对方喜欢哪支球队，如果对方也喜欢巴塞罗那，那就聊巴萨；如果对方说喜欢皇马，你就可以问他喜欢哪位球员。就这样聊，直到找到一个具体的链接点，即使你喜欢巴萨的梅西，他喜欢皇马的 C 罗，那也可以通过"绝代双骄"的共性，聊聊那些令你们记忆犹新的精彩进球等。

找到有效的链接点后，沟通就可以展开了，但保持链接这件事并没有结束，因为说错一句话不欢而散也是常有的事。沟通是由一系列的事实、想象、情感、观点和信念组成的，整个过程必然会出现一个又一个的节点，要保持链接，需要在三个方面进行处理。

（1）表达事实、情感的时候，尽可能同频，抱着同理心沟通，先理解和感受对方，再进行表达。同频处理能让两人处在相关且不对立的频率里。

（2）表达观点的时候，尽可能减少对立和争执。观点的对立属于比较深层的对立，一旦形成就很难消除。

（3）要认可对方的信念，不要打击和挖苦别人。日常的沟通是跳舞，不是拳击，你们合作跳一支舞，为的是双赢，而不是把对方击倒，一旦你开始想击倒对方，沟通也就快结束了。

把这三个方面处理好，沟通质量就有了基础保障。前文所述的同频和变态的意识，再加上链接的意识，这三个意识都具备，沟通自然就变得顺畅了。不过还可以做得更好，除了意识，你还需要依托方法论来提升能力。下文将详细介绍这部分内容。

## 二、顺畅沟通的节点和节奏

我特别喜欢跟人聊天，无论是熟人还是陌生人，属于大家平时说的那种"社牛"，因为一次顺畅沟通带给我的舒适感，绝不亚于听一场演唱会。对于我来说，顺畅的沟通就像优美的旋律一样，让人身心舒畅。

沟通的进程是有节奏的，就像歌曲一样，而且随着旋律进行，你的情绪也会起伏。沟通就像两个人合唱一首歌，有个人独唱的部分，也有两人合唱的部分；有主歌的铺陈，也有副歌的高潮。

说话和唱歌一样，都是沟通表达的一种方式，而且底层的逻辑也一致，把沟通的进程比作歌曲的进程，毫无违和感。因为从底层来讲，沟通和唱歌都有两条基本的线路：情绪线和内容线。旋律代表情绪线，歌词代表内容线；沟通时你的抑扬顿挫、一颦一笑就是情绪线，你说话的措辞就是内容线。

无论是歌曲还是沟通，整个进程的起承转合是否连贯，整体上要看情绪线和内容线能否同时良好推进，还要看进程中的节点是否能够处理好。这就好比唱歌时，一个高音唱破了，歌给人的感觉就变了一样。

沟通亦如此，一句措辞不当，沟通的感觉可能就变了。要把握好节奏，关键在于内容线和情绪线推进要顺利，以及内容线中的节点处理要妥当。接下来介绍如何把握节点和进程的节奏。

## 1. 顺畅沟通的五种节点

上文介绍了找链接点的方法，这一点非常关键。沟通的本质，我们可以理解为一种链接，沟通的过程就是链接他人的过程。有时我们觉得沟通尴尬，其实是因为双方只是表面的交谈，没有产生真正的链接。有真正的链接才有真正的沟通。

沟通顺畅是一种连续性的体现，形式上可以是细密连续的，也可以是有间隔的。能够把握好这种连续的感觉，你和别人沟通就会变得非常顺畅。

一次完整意义上的沟通是分段进行的，段与段之间就存在要处理的节点。沟通中的常规节点有五种，每种节点的处理都有一些要注意的地方。这里先介绍第一种节点——链接点，这种节点也是缺少沟通意识时，最容易忽略的节点。

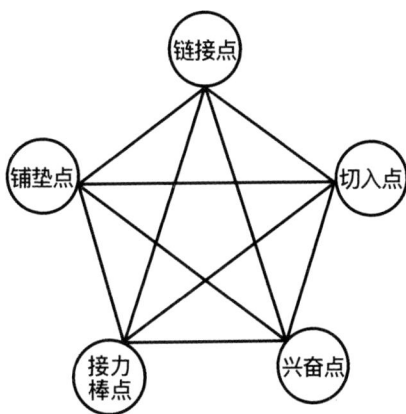

### 链接点

前文其实讲过链接点。链接点为什么重要？因为沟通需要氛围，而链接点是构筑氛围的关键因素，有时一句话就可以构建起内心深度的链接。链接点在沟通的全过程都十分重要，但最重要的是开始的那一个。万事开头难，好的开始是成功的一半，沟通也是一样，最开始就能找到链接点，做好情绪或者内容的链接，那你的沟通就已经成功了一半。

找好链接点的关键是意识，这取决于你怎么理解沟通。沟通对你来说是摔跤，还是共舞？两种情况都是两人发力，也都有两人的接触，而你需要怎样的感觉呢？

链接点是沟通的第一个节点，也是语言整体节奏中非常重要的一个点，它的主要作用在于创造沟通的氛围。这就像要点亮一盏电灯，原本电线是断的，灯是灭的，结果你说了一句话，电线就接上了，一下就"来电了"，灯也亮。

找链接点可以通过话题，也可以通过情绪，还可以通过身份，这三者都可以创造氛围。

通过话题链接，你可以说："昨晚欧冠的比赛看了吗？结果满意不？"

你可以通过情绪链接，如兴奋地向着对方呼喊："你快过来，过来，快过来，有个好消息，快来。"这时对方并不知道你的话题和内容，却会通过你兴奋的情绪跟你链接上。我们平时听歌也是一样的，前奏刚起，你可能就喜欢了。

在职场上，通过身份进行链接是很自然和常见的，比如在新项目会议上，你可以说："这个项目对于公司意义重大，作为负责人，我必须清楚我不是最重要的，在座的各位才是，我力争协调好资源，服务好大家，让项目顺利进行。接下来每个人把自己负责的板块都跟大家聊一下吧。"这种方式就是通过身份进行链接。

上一章讲到了 REL（分寸感）公式，REL 的第一个字母 R 代表身份，明确的身份感可以让人更快地进入角色状态，状态找对了，氛围就对了。氛围不对，后面的对话是很难展开的。在链接点这个节点，需要注意一个问题：无论是你先说话，还是对方说话你来接，**不要一开始就否定**。

有这样一种人，别人一说话，他就说"不不不""不对不对不对""不是不是不是"。如果你有这样的语言习惯，一定要改掉，谁会喜欢一开始说话就被否定呢？别人刚说话，就听到你的否定，除了一些特殊的情况，别人大概率不太想继续说了。别人都不想和你说话了，后面还怎么聊？否定意味着什么？意味着你破坏了别人的安全感。别人说第一句就否定，意味着你还没听完整就否定别人，让人感觉你不是否定事情而是否定人。如果别人心里有这种感觉了，那沟通氛围就不正常了。

所以，明确链接点很重要，说话之前思考一下双方是什么身份，你要调整到什么情绪，聊什么话题。先把这三个问题想清楚，再开始沟通就会更容易切入了。

### 切入点

第二种节点，切入点。切入沟通是个技术活，切入得好，对方的话匣子马上会打开；切入偏了，哪壶不开提哪壶，那沟通也就打住了。切入点常常在找话题的过程中获得，找话题的根本是找到链接点，而沟通中效率最高、效果最好的链接点，就是切入点。

你可以从兴趣切入，从双方的共同爱好切入，从情感切入，从利益切入，从感受切入；你可以开门见山直接切入，也可以先铺垫一下再切入。只要作为切入点的那句话你说好了，那切入就成功了。

我之前的团队中有个经理，是个心思很细密、情感也很细腻的女生，她批评下属的时候习惯从感受切入。有一次我们一起和一个同事沟通，她一开始就很温柔地对对方说："小红，你最近是不是身体不舒服呀？感觉你有些疲劳呢！"小红也表示最近的确很疲劳。她就说："最近咱们团队的压力的确不小，但身体还是很重要的，下次如果感觉不舒服了，第一时间跟我说，我们一起想办法，别让你太辛苦，也别让团队的工作滞后了。"说完这句，小红听出了意思，赶忙解释最近工作为什么出问题，她听完解释后说："我以前也遇到过你的这种情况，我很理解你，以后再有这种情况，有三个细节要处理好……"小红听经理说完后，不仅没有很懊恼，反而觉得又有了干劲儿。如果换个切入点，直接从归责的角度切入，有些人可能会说："你最近工作怎么做的啊？因为你，团队的进度都耽搁了……"如果这样沟通，你猜猜小红的心理状态和工作状态会变成什么样。

找切入点，要重视两件事，准确和平滑。你要切入得准确，让对方产生感觉，无论是开心的还是疼痛的。你还要切入得平滑，要让对方觉得事情和自己有关，或者你愿意倾听和理解对方，这样就有利于后面沟通的展开，让沟通越来越顺畅。

**兴奋点**

第三种节点，兴奋点。任何一次沟通，都会有一个情绪最高涨或者令人记忆最深刻的点，而能够给人留下深刻记忆的事往往包含激烈的情绪。沟通再怎么平稳，情绪的波动也会有一个最高点，这个点称为兴奋点。

兴奋点就是火山爆发那一刻的状态，那一刻是最好的实现共情和共识的时刻，是举起酒杯一饮而尽的时刻，这个点是能够让人产生最深层链接的一个点。此时的表达要么是情绪饱满的感性表达，要么是充满智慧的理性表达。当对方已经在这个点、在这种状态的时候，你最好也处于兴奋点，情绪的峰值越高，沟通就越愉快。

两个人的情绪都在峰值，才能产生情绪的共振。如果对方很兴奋地表达感受和情绪，而你却一脸漠然、极其克制地表达你的理性，你们的链接就会瞬间断开。峰值时刻要尽可能同频共振，这样才会有更多的能量迸发出来，可以是感性的能量，也可以是理性的力量。

我们不要误解理性，极端克制的理性和深度的共识一样会让人兴奋，这种感觉就是惺惺相惜的感觉，这种兴奋感是隐蔽的。当两个人在很高的认知层面上沟通，比如聊哲学、数学、物理学时，就会进入一种精神层面的兴奋。有人跟你聊老子如何看待修德问题，如果你能说出"修之身，其德乃真；修之家，其德乃余；

修之乡，其德乃长；修之邦，其德乃丰；修之天下，其德乃博"，那你们会瞬间变得很兴奋，这是一种非常深刻的精神链接和共振。

在兴奋点这种节点上，文字语言是乏力的，身体语言和情绪语言的力量要远远大于文字语言。所以情绪状态达到峰值时，忘记说话的技巧，随着内心或身体的力量去表达就可以，可能是高呼、是吼叫，也可能是击掌、拥抱，甚至可能是沉默。

**接力棒点**

第四种节点，接力棒点，也叫转换点。沟通是交互和交流的过程，你说对方听和对方说你听交替进行，如果只是单方面的说或者听，那更像是一种倾诉或者倾听。沟通都是双向的、有来有回的，正常的沟通中会频繁地出现接力棒时刻，双方传递接力棒的时候，没人希望棒子掉到地上。如果对方把接力棒给你，你给弄掉了，请问对方心里是什么感受？如果对方说了很重要的话，你却没听到，请问对方会怎么想？这都是一个道理。"话"不能掉地上了，如何接话、如何转换话题是处理这种节点的关键。

接力棒点有一个非常核心的处理原则——被听到。对方无论在讲什么，内心希望的都是你在听他讲。接话要围绕这个原则来进行，同时做好听和说两方面的处理。人们常说"会说的不如会听的"，这句话其实有两个方面的意思，一个是听话要听音，你要能听懂别人话背后的意思；另一个就是你听别人说话时的状态，要让对方感觉到你确实在听他讲话，这个很重要。沟通顺畅与否和这种节点的处理效果密切相关，如果你不听对方在说什么，或者随意打断对方说话，对方会觉得你不尊重他、不重视他的感受、不礼貌等，继续说话的意愿就会下降，降到对方不想说话时，沟通自然就断了。

关于打断别人说话这件事，有些人的认知是有误区的，因为怕打断别人说话，自己就憋着不说，结果等到自己说时，就忘了要说什么了，这不是交流，这是训话。长辈、老师等训话的时候，不可以打断是一种礼节要求，但平时的交流完全没有必要。

有些人对于沟通时不能打断别人说话这个观点有执念，其实打不打断别人说话根本不是关键，关键是沟通时要让对方感受到你在和他交流。想象一下那些激烈的、充满激情和喜悦的交流，双方是不是常常互相打断。想通了这件事，就可以处理好接力棒点了。

接话和打断的性质是一样的，都是干扰对方说话，只是给对方的感觉不一样。给对方的感觉是打断还是接话，关键在于你怎么处理，这里分享六个新励成学员反响很好的技巧。

（1）当对方开始和你说话时，首先表示认可或者点头示意，不要上来就否定对方说的。

（2）听对方说话时，间歇性地用"嗯"表示确认或者点头示意，不必很频繁，隔十秒左右一次就好。

（3）当对方表达观点的时候，比如对方说"今天天儿有点阴啊"，可以先给一个肯定"是有点哈"，尤其是对方表达主观感受时，可以用同样的感受去接话。

（4）当对方表达的观点言不由衷时，你可以不说话，点头做思考状，想一会儿再接话，或者和对方说"我还没想明白，再想一下"，以便转移话题。

（5）比起只是附和，更好的方式是让双方有深入交流的感觉，这可以通过反问来实现。比如，对方说："今天天有点阴啊。"你可以反问："是啊，昨天还不这样呢，今天是什么原因呢？"这样对方就可以继续这个话题。

（6）还有一种复读机式的方式，当对方表达感受的时候，你只需用陈述的方式，语气平稳地复述一句对方的话或者关键词就可以。加强一下对方所表达的意思，对方就会继续表达。

掌握上述技巧是立竿见影的。还有一种方法效果更好，就是幽默，如果你可以把对方逗乐，不用这些技巧也可以，因为幽默是沟通中效果非常好的润滑剂和催化剂。

**铺垫点**

第五种节点，铺垫点。虽然铺垫点是一次沟通的最后一个节点，但并不是终点。沟通是个无限游戏，如果把时间轴拉长，日常的每次沟通都不是一锤子买卖，每次沟通的结尾处，我们都可以进行铺垫性的表达，比如感谢一下对方，相约下次一起吃饭或者说"有问题我再向您请教"等。

常见的铺垫点处理方式主要有三种。

（1）对沟通内容进行确认。比如你刚跟下属交代完一项工作，你可以说："刚才我们沟通的内容，你现在复述一下，我们做个确认。"等下属说完之后，你可以铺垫："现在我们确认了这三件事，推进过程中有任何问题，第一时间沟通哈。"这样你就给下属留了一个通道，你可以去找他，他也可以来找你。如果换种说法，可能就会把链接切断，比如有些人会说："你全力推进，没有结果不要向我汇报。"如果你听到这种表达，会有什么感觉？

（2）链接情感的表达。比如第一次和客户吃饭结束时，你可以说："项目刚开始，我就觉得您特靠谱儿，以后您就是我哥，哥，下次我请您，就定在下周日好不好？"这是对情感的再次链接，方便下次和对方交流，约对方时也会很自然。

（3）表达期待。比如你跟一位领导汇报完工作，你可以说："王总，这次太感谢了，其实我还有两件事想请教您，但看您下午都是会议，我下周可以占用您一小时的时间吗？"这是一种对于自己期待的表达，多数情况下，对方听到之后，不会拒绝这样的请求。

在铺垫点，我们要主动控制节奏，要有这个意识：沟通是无限进行的，每一次的结束其实都是下一次的开始。图书中一个部分的结尾也是下一个部分的开始，所以这里铺垫一下：看到这里，你已经掌握了赞美和拒绝的沟通方式，也知道了如何把握说话的分寸，是时候让你的表达和沟通发挥更大的力量了，下文将介绍沟通的四个阶段，看完你就可以完整掌握顺畅沟通的方法了。

知识

　　沟通过程有五种节点：链接点、切入点、兴奋点、接力棒点、铺垫点。

行动

　　刻意练习，在一周内做两次包含五种节点的完整的沟通。

## 2. 节奏公式

《诗格》中有言："作诗有四法，起要平直，承要春容，转要变化，合要渊永。"这句话是"起承转合"的由来。写诗词是高难度的文学创作，也是比较高阶的交流方式。诗词创作有章可循，那平时老百姓说话、表达和沟通是不是也有程式可循呢？答案是肯定的。

这里分享一个适用于绝大多数场景的公式——节奏公式。如果你能够灵活使用这个公式，那你一定可以成为把握节奏的高手。

把握沟通节奏的四个步骤分别是确定目标、调整状态、调整情绪和变态沟通，如下图所示。除此之外还有一个产生影响的阶段，但在这个公式里，因为产生影响是一个结果，而不是行动的步骤。人们常说"因上努力，果上随缘"，产生影响实际上是明确目标的一种外化，只是目标达成程度的一种显现。我们把焦点放在四个步骤上。

$$\boxed{沟通节奏} \approx \boxed{\begin{array}{c}确定目标\\ \scriptsize (产生影响)\end{array}} + \boxed{调整状态} + \boxed{调整情绪} + \boxed{变态沟通}$$

**第一步，确定目标。**顺畅的沟通首先要顺，顺的含义就是方向和目标明确。沟通会花去你几分钟、几小时或者几天，但不管花费多长时间，你的沟通要有目标，目标是你通过沟通要获得的反馈。当前的沟通是为了让对方开心，是为了鼓励对方，是为了缓和矛盾，还是为了告诉对方该如何工作？在你心中，首先要有个目标，有了目标，你才知道该怎么实现它，以目标为导向，你才有把握好节奏的前提条件，才知道该如何去沟通。如果没有目标，你的沟通可能是漫无目的的闲聊，也可能只是情绪的宣泄。第一步要明确目标，要做到心里有数，有了靶子才有拉弓的意义。

**第二步，调整状态**。状态一般反映为你的精气神，是一种整体的感觉。状态中最主要的是心态，有时人们会开玩笑说："有个好心才能给你个好脸。"调整状态的核心，就是为"呈现"做内在的准备和调整，而且调整是贯穿沟通全程的，它可以分为三个部分处理。

第一部分是第一印象。首因效应在沟通时的作用还是很明显的，比如穿着、礼仪、形体和精气神等会明显影响对方对你的印象。

第二部分是舒服程度。沟通过程中呈现的关键是整体感受，即你是否大方自然，是否让对方感到舒服，比如是否健谈、是否得体、是否谦逊有礼等。双方舒服的程度，就是沟通顺畅的程度。

第三部分是尾音效应。一次沟通能使对方记忆深刻的往往只有三处：第一印象、兴奋点的感觉和结束时的最后一句话。务必处理好最后一句话和"最后的转身"，因为如果全程聊得都很开心，但最后你给对方摆了个脸色，那前面的等于白聊了。

调整状态，一方面是调整自己，比如进会议室之前整理一下领带，提提颧肌微笑一下；另一方面就是考虑对方，比如积极和对方打招呼，主动询问对方工作的进度，以及从同理心的角度和对方沟通。这些是呈现出来的东西，比这更重要的是在呈现之前调整好心态。

调整心态，是由内而外的过程。心态与你的世界观、人生观、价值观都有很大的关系，跟你的经历、家庭情况、受教育程度、朋友圈子也有很大的关系，是一个比较复杂的问题。

《论语》里有这么一句话："夫子之道，忠恕而已矣。"这句话很好地阐述了如何对待别人：己所不欲，勿施于人，要有包容、宽恕他人的态度。这句话中的智慧可以帮人们很好地摆正心态。

口，乃心之门户。心对了，口大概率就对了。

**第三步，调整情绪。**不要小瞧情绪的力量，人们常说"冲动是魔鬼"，说话"走脑""走心"的，一般都不会出什么问题，祸从口出的情况，几乎都是因为情绪。情绪是生命的一种能量，与生俱来，要懂得管理情绪，就是要懂得管理这种能量。情绪用好了，是很好的驱动力，也是改善人际关系很好的催化剂。

情绪是由内而外释放出来的，虽然看不见摸不着，但能感觉到它的存在。情绪直接理解起来还是有些抽象，可以打个比方，情绪好比心电图上随时间变化的曲线，在不断地波动，如下图所示。外在的刺激不同，内在的心态不同，情绪自然就会有不同的波动。饱满的情绪是生命力的体现。每个人都有情绪，不一样的是，有人懂得管理情绪，有人容易被情绪操控。

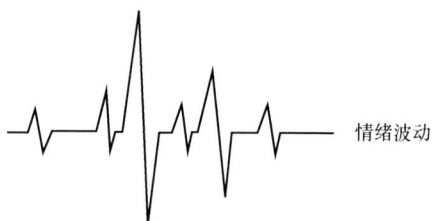

情绪波动

管理情绪的难点在于你要在波动中把握它。人每天的情绪都是波动的,因为并不知道来自外界的刺激会在什么时间以什么方式到来。沟通的难点也在于此,你不可能完全准确地判断你说的话会使对方产生怎样的情绪波动。这也是沟通的魅力所在,在动态中把握沟通的节奏,通过对节奏的控制,让沟通变得愉悦。要调整好情绪,需要知道以下三件事。

第一,**情绪产生的原因**。情绪产生的原因有很多,这里只说其中一种,并且这种原因产生的情绪问题是可以通过调整心态来应对的,它就是"现实与期望之间的落差"。假如你和男朋友约会,你期待着他手捧一束花在湖边等你,结果他手里什么都没拿,请问此刻,你的情绪是向上走的还是向下走的?假如他手里没有拿花,但是打开车的后备厢,满满的全是你喜欢的花,请问此刻,你的情绪是向上走的还是向下走的?

当现实低于期望时,你就会失落;当现实超越期望时,你就会惊喜。所以,你要管理情绪,就要管理好期望值,同时为现实而努力。

第二，**任何沟通都有它的情绪频率**。这就跟歌词都有和它适配的旋律一样，聊开心的事会产生愉悦的情绪，聊郁闷的事会产生压抑的情绪，男低音歌手唱女高音歌手的歌总归是差点意思。

人们常说"不要把家里的情绪带到工作中来"，也常说"不要把工作中的情绪带回家里来"。看看这两句话，人们表达的其实不是不要带情绪，而是职场有职场该有的情绪，家里有家里该有的情绪，每个场景都有与它适配的情绪频率。沟通时，要根据场景调整情绪。

第三，**给对方积极正面的情绪反馈**。人在沟通时，都有这样的偏好，比如被看到、被接受、被认可、被尊敬和被赞美，能够满足这些偏好，沟通就更容易进行下去，否则有时即使你说的内容再对，也很难进行下去。随着沟通的深入，推动双方进入积极正面的情绪，是非常核心的沟通能力，也是非常容易被忽略的能力。

沟通都是有情绪底色的。这种感觉就像听一首歌曲，旋律响起，你就可以感受到那种气氛，进入某种情绪状态。每次沟通前，双方对彼此都是有判断或者预期的，当背景音乐响起，你却唱得跑调了，对方的情绪就下去了；如果你唱得很好，对方的情绪自然就被你带起来了，这样沟通，对方才愿意听你"再唱一首"。

真正的情绪调整是要做好上述三个方面的事，而不是简单的不生气了、不摆脸色了或者不怒目圆睁了。当你有了这个意识后，一半的沟通问题就已经解决了。懂得管理情绪，就是提升沟通质量的催化剂，提高效率的同时还变相地降低了沟通成本。你可以回忆一下平时平复有些人的情绪需要花费多少时间和精力，这些都属于沟通成本。懂得管理自己的情绪，并且懂得随着沟通的进行调整情绪，才是真正的沟通高手。

**第四步，变态沟通**。前文讲解过"变态"法则，提到"从事态到心态再到语态"都要变化。对于事态的判断，可以通过明确沟通目标来进行；对于心态的把握，可以通过调整信念，改变解读事件的方式和主观感受来实现；对于语态的呈现，则着重对沟通状态进行调整。

语态是一种沟通行为，是肢体语言、情绪语言和文字语言的综合呈现。在讲解变态法则时，我提到"变态"是一项非常核心的沟通能力，那么什么是变态沟通呢？

变态沟通，就是通过调整沟通时的状态实现沟通的目的。它可以是改变说话时的措辞和抑扬顿挫，可以是改变肢体动作的力度和幅度，也可以是呈现出不同张力的情绪。在沟通时主观地对肢体语言、情绪语言和文字语言进行调整，都属于变态沟通。

变态沟通与节奏公式中的调整状态和调整情绪不同，调整状态和调整情绪多为沟通前的调整，变态沟通中的调整则是沟通过程中因变而变的环节，对语言的框架性和情绪表达的节奏感要求更高，不同的表达结构会带来不同的效果。

> **知识**
>
> 　　节奏公式：沟通节奏 ≈ 确定目标 + 调整状态 + 调整情绪 + 变态沟通
>
> **行动**
>
> 　　刻意练习，一周完成两次刻意设置了四个步骤的沟通。一次成功调整自己的心态，一次推进双方情绪往积极正面的方向发展。

第五章

# 说服，是一种双赢的影响力

# 一 有效说服的三个核心意识

　　每当有学员问我如何才能说服别人时，我一般会反问："你觉得这个词读说（shuì）服还是说（shuō）服？"其实很多人不确定到底怎么读，当然，我问这个问题也不是为了确认读音，而是要引导学员的思路。

　　shuì 和 shuō 这两个读音其实都存在，当表达"劝说别人，使别人听从自己的意见"的含义时，读 shuì，比如"游说"；当表达"通过说话来表达意思"的含义时，读 shuō，比如"说话"。我们可以感觉到读 shuì 的目的性和攻击性都更强一些，而读 shuō 就相对中性与平和一些。

　　那到底读什么音呢？《现代汉语词典》中"说服"的"说"读作 shuō，但这里我用不同的读音来表示对"说服"这件事的不同理解。

　　（1）说（shuì）服，就是大家通常所指的说服，也是学员们想拥有的能力。说（shuì）服给人的感觉：我要赢，你要听我的，我要让你信服、服气，最好口服心也服，我说完了你要按照我说的去做。

　　（2）说（shuō）服，指通过表达我的理解去影响你，你不一定要听我的或者按照我说的去做，我的意见只是供你参考的，你可以采纳，也可以置之不理，最后怎么做，你自己来定。这个"说"字只是"表达"之意，这个"服"字并不是让你服我，而是我通过我的表达来"服务"你。看到这儿，你可能会略有诧异：说服的"服"是这个意思吗？我可以很肯定地回答你，就是这个意思，理解了这层意思，你才有可能真正把握说服的精髓。

这两种对于说服的理解都可以说得通，不同阅历和社交水平的人会依据具体的情况使用。有时候你说服别人只是想劝一劝，劝不动就算了。有时候你说服别人就是为了让别人服气，但你要知道，这个世界上让别人服气的方式有很多，除了说服，还有以德服、以理服、以才华征服等，并不是所有人都能被说（shuì）服，有些人即使嘴上服气，心里也不一定。

以前有位学员在企业做高管，工作风格属于比较强势的那种，语言也比较犀利，说话直来直去。他觉得因为他的表达能力比较强，气场强，所以团队成员都比较服气，他说什么别人就照着做。后来他调了部门，但还和以前的团队一起做项目，他发现以前团队的人不仅不听他的指挥，还暗地里较劲，不配合他，项目推进起来非常吃力。当时我给他做项目顾问，和他交流了这个问题，他有些不理解为什么会这样，我也没客气，直接说："他们以前服你是因为你的位置，现在不配合你说明有积怨啊。以前你晓之以理就可以推动工作，现在他们不在你的部门了，可能动之以情的方式会更奏效。"

听我劝完，他找了个理由请原部门的同事吃了顿饭，一改往日强势的风格，听了大家对过往一些事情的吐槽，也跟大家推心置腹地聊了自己的感受和处境，再聊项目情况的时候也从说（shuì）服变成了说（shuō）服。他其实没什么大问题，没坑过原来部门的同事，只是以前过于强势了，大家心里不舒服。但大家还是念旧情的，这顿饭吃完，大家打心里觉得项目还是要一起做的，所以后来的事情就很顺利了。

说服的本质是一种影响，说服能力的本质就是一种影响力，一种通过表达和沟通影响他人的能力。人对这个能力的需求和渴望，其实是非常深层的，因为无论你跟别人怎么交流，交流什么，你内心深处都是希望能够影响别人的。这个世界就是一个相互影响的世界，要么你影响我，要么我影响你。而你要做的是，通过提升说服的能力来影响周围，让更多的人变得越来越好。

## 1. 说服是影响，而非改变

不要尝试通过说教去改变一个成年人，因为失败的概率实在太大了。看别人不顺眼是很正常的事。很多人因为看不惯别人就总想说两句，让别人改一改，但往往事与愿违。你喜欢被别人说教吗？当别人跟你讲大道理的时候，你会不会很烦？如果你还感受到对方说教是为了控制你，你会不会反击？

通过说教的方式几乎是不可能说服别人的，你如果想拥有说服的能力，就要在意识层面告诉自己：不要说教。这是提升说服能力前要明确的。"教"是沟通大忌，因为"教"代表双方不是平等关系，而是上下关系或者错与对的关系。

当你想进行说教时，其实你心里已经默认了你是对的而对方是错的，这种心理状态是很影响沟通质量的，因为对方很可能认为自己是对的而你不对，无谓的争执就会因此产生。即使对方认为你说得对，也认识到了自己的问题，但有些人是不是也会碍于面子而不接受呢？

要提升说服的能力，首先要调整的是自己的心态，放下否定别人和改变别人的执念，把否定变为肯定，把改变变为影响，把说教变为说服，这样你沟通时的弹性空间也比较大，可以收放自如。

成年人之间的沟通，要以人性为基础，大家都是活了几十年的人，谁能全对，谁又能全错呢？每个人都有自己的人生经验，都有自己的思维和行为模式，每个人的行为都是受经历和所处环境影响的。想靠一次沟通完成颠覆性的改变是不现实的，一点一点地来才是可行的。

成年人可以被说（shuō）服，很难被说（shuì）服。如果不能站在别人的立场和角度去说（shuō）服，你基本是不可能说（shuì）服别人的。放弃站在自己立场改变别人的执念，尝试用别人的或者中立的视角去影响对方，才有可能达到提升说服能力的效果。

放弃了执念之后，提升说服能力的另一个关键是识人，能够判断出来什么人可以说服，什么人不要去说服。老子在《道德经》中说"行不言之教"，说的就是不要跟别人讲大道理，不要说教。有些人你不能劝，也不要劝，劝了反而惹麻烦。那什么样的人可以劝，可以说服，什么样的人不行呢？这里还是引用《道德经》中的一句话："上士闻道，勤而行之；中士闻道，若存若亡；下士闻道，大笑之。不笑不足以为道。"

不是所有人都有能力鉴别出什么是好、什么是不好，所以你可以先识别对方是什么样的人，再确定是否可以说服对方。这里我借用老子的观点，同样把人分成三种。

（1）上士，是自身综合素质就很高的人，有自己的判断能力、很强的自驱力，为人也真诚谦虚。所以面对上士，你不必把人家说到服，点到为止，人家自然明白，你说完，人家可能当场就会感谢你。这种人一点就通，你主要是影响他，不必改变他，人家自己会进化的。

（2）中士，有自己的判断和思考能力，也相对理性，有时候不相信是因为没想清楚。所以中士是可劝的，也通情达理，只要你说的合乎情理法，中士是可以被说服的。

（3）下士，不要劝，劝好劝坏都可能坏事。你说的话对方听明白了还好（虽然他大概率不会记你的好，反而会觉得你伤了他的面子），如果你说的对方没听明白，他很可能会觉得你瞧不起他，甚至会反过来嘲讽你一番。为人谦虚、独立思考、自驱力强、真诚，这些优秀的品质，你在这种人身上大概率是看不到的。这种人主动改变的概率也比较小，一般只有被现实逼迫才会改变。

面对这三种人，你要用不同的方式去沟通。上士不需说服，下士不必说服，中士才是你说服的重点目标，先判断对方是否中士，再去考虑该如何说服。很多人际关系的痛苦来源，就是对没必要的人做了不必要的功，学习不该学习的，影响不该影响的，改变不可改变的。

说服这件事要有的放矢，做无用功费力不讨好，浪费了精力还得罪了人，得不偿失。所以，提升说服能力之前，你首先要明确的是要提升说服谁的能力。这个问题判断清楚了，你再放下说教的执念。这时再去说服别人，就会轻松、容易很多。

## 2. 说服不是你赢，而是双赢

如果你想拥有说服别人的能力，一定要留意一件事——动机。为什么有些人已经怒目圆睁、青筋暴起了，还是无法说服别人？因为动机。有些人说服别人就是为了证明自己对、自己牛，别人是傻瓜，那谁会被他说服呢？最后往往不欢而散。

人与人之间的交往，动机是关键。人都有一定程度的感知能力，你动机纯不纯、善不善，是为别人考虑，还是只考虑自己，别人是能感受出来的。如果你说服别人的出发点都出问题了，那后面你用再多的技巧都是无济于事的，就更不要谈积极的影响了。动机不善，很可能别人不仅不会被你说动，反而会给别人留下不好的印象，你们的关系也会因此破裂。

人们想说服别人的动机是各种各样的。有些人是因为看不惯别人；有些人站在自己的立场，觉得别人是错的；有些人是好为人师，见到谁都想教育两句；有些人是因为自卑，嘴上必须争个高下。这些动机都不是好的，如果以这样的动机去说服别人，使用再多的技巧，声音再大都没有用。

那什么是好的动机呢？好的动机是善的动机，是为别人考虑的动机，是能让别人变得更好的动机。有了这样的动机，你再去说服别人。说服别人时，别人如果有改变的想法和条件，就更容易成功。俗话说"医不叩门"，谁会希望医生没事上门来告诉自己"你有病"呢，大家都是感觉自己不舒服了才去找医生。换句话说，对方首先得有看病的想法，这时候你再给人看病，别人才愿意配合你。另外，劝别人时，别人还得有条件改变。别人平时就住在草棚，兜儿比脸都干净，你非要劝人住大别墅，说大别墅好。你说的是对的，但脱离了别人的实际情况，这时候你这么劝别人，那就不是善意了。

从上面的对比中可以看出来，不好的动机往往考虑的是自己，好的动机往往考虑的是别人。以后当你想说服别人的时候，三思而后行，想想你的动机是为了别人还是为了自己。不是说你不能为自己考虑，只是过分考虑自己，你所面对的沟通难度会大幅增加。

介绍完了说服的动机，再讲讲说服的目标。"动机至善，私心了无"是非常好的一句话，只是实际沟通中，光有动机是解决不了问题的，还需要明确说服的目标。你是奔着人去的，还是奔着事去的？是要告诉别人他的能力不够强，还是劝他这事不能做？另外，沟通时你要说到什么程度？你是要说（shuì）服对方，让对方一定接受你的建议，还是只是劝一劝，或者劝都不劝，只是提个醒？这些问题，在说服别人之前，好好过过脑子，沟通的时候更容易心平气和。如果你只是想劝一劝别人，那么遭到坚决反对时，你就不必动气，因为你的目标就只是劝劝，无论对方是否听得进去，反正你的好意已经到了。

有时说服的目标感弱些，并不意味效果不好。有很多学员有了这种意识后，再回到工作、生活中劝别人的时候，状态一下就放松了很多，结果给人的感觉反倒更可信了。以前不懂说服的意识和技巧时，总是苦口婆心、用力过猛，有些人会觉得你另有目的。

在现实生活中，当你要说服别人时，从为了别人好的动机出发，这没有任何问题，但往往事情并不只跟别人有关——你的动机除了利他，大概率也有利己的成分。所以从现实角度看，你说服别人最好的结果是双赢，利他又利己。

说服别人这件事有点特别，其结果往往只有两种，双赢或双输。只有一方赢的说服，本身就是一种双输，所以从这个角度来讲，提升说服能力只能是为了一种结果——双赢。

这部分内容提及的沟通意识，对于提升说服能力和效果都非常重要。你要积极调整意识，调整心态，将追求单方面的自己赢，变成为了对方好，再变成双赢。虽然这个过程对心理素质的要求会越来越高，但说服的效果会越来越好。

## 3. 有效说服的标准

上文介绍了说服的核心意识，一个是关于影响和改变的，一个是关于动机和目的的。下面介绍第三个核心意识，关于说通和说服。你读到这里，如果我跟你说"其实，你是不能说（shuì）服一个成年人的"这个观点，你能接受吗？下面就从这个观点开始展开介绍。

人们时常会说："劝别人，要动之以情，晓之以理。"可你有没有想过，这个情，这个理，是谁的情，谁的理？你判断一下，这个情和理是你的还是别人的？当然是别人的，更精确的描述是偏向别人。如果你不这样做，而是只用自己的情感和感觉，用自己认为对的道理和别人沟通，结果会怎样？别人大概率是听不进去的，更不要说听不听得懂，接不接受了。当别人没什么反馈时，你可能还会感觉在对牛弹琴。但对牛弹琴并不是牛的错，而是人的错，是人选错了沟通方式。你说服别人时，最好以别人能听懂和能接受的方式进行，不能只是自说自话。当别人听不懂、不接受你说的话时，你还能说（shuì）服对方吗？

**你可以说（shuō）服别人，但别人只能被他自己说（shuì）服。**在你说（shuō）服别人和别人被说（shuì）服之间，还有一个过程——说通。现在我们把这三个概念排一排序，结果如下图所示。

当你没有说通别人时，别人表现出被说（shuì）服的样子，大概率是在迎合你，不是真的服了。那怎么算真的说（shuì）服别人了呢？有没有标准呢？

说通，就是标准。现实中，没有谁会去考量和判断你的说服质量到底如何，也没人设立标准，判断你的说服能力如何。但你要提升说服的能力，自己在心里要有个判断标准，这个标准就是你能否实现从说通到说（shuì）服的过程。

判断你是否说通了别人，要看三个方面：使人知、令人信和动人情。使人知是让别人知道你在说什么，比如什么事情、为什么要做、怎么做、周期多长等，这些信息是否清楚。令人信是让别人相信你说的，比如数据是否可信，你怎么证明等。动人情是看你是否真诚友善，是否真情实感，是否能让别人的内心有所触动。这三个方面，其实对应前文所述的"调频"。后文将详细介绍关于调频的方法论，以及具体的做法。

判断你是否真的说服了别人，看一项即可：别人是否真的有了行动，最好是自发的行动。

如下图所示，使人知、令人信和动人情这三者并没有绝对的先后顺序，在实际的沟通中可以灵活处理，目的都是为了促人行。

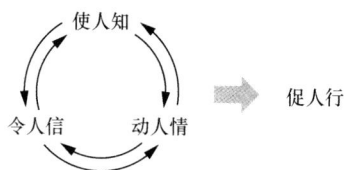

前文讲分寸时谈到了妥协的处理方法，其实还有一种更高明的处理方法——你话他说。他山之石，可以攻玉。使用这种方法说服的效果是比较好的。在你说服对方的过程中，如果你能让对方说出你想说的话，或者你用对方表达的观点说出了你想说的话，那你的说服大概率就已经成功了。

这个部分介绍了使人知、令人信、动人情和促人行。这四点合起来是一个很实用的意识，可以引导你沟通时的意识走向。先说通，再说服，加上另外两个核心意识——从影响到改变和从动机到目的，有了这三个核心意识，你就可以准备说服了。

接下来将结合前文提到的四色图，讲解说服的方法论，让你用两个公式掌握有效说服的秘诀。

# 二、两个公式，让你轻松说服周围的人

可以看出，使人知、令人信、动人情、促人行这四个标准，其实与四色图中绿、蓝、红、黄所表达的调频的内核是一致的。

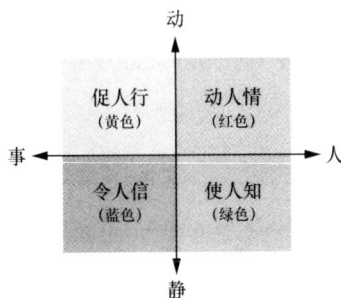

使人知给人的感觉是相对中性、平和的，可以对应绿色。令人信是有理有据、严谨理性的，对应蓝色。动人情是有情有义、激情澎湃的，对应红色。促人行是坚定有力、目标清晰的，对应黄色。

通过对照可以发现，原来沟通的频率和说服的标准是如此一致。仔细想一下，调整频率其实是沟通的内在，说服过程其实是呈现的外在。说服的过程不就是一个不断调整沟通频率的过程吗？沟通时进行调频，不也是为了更顺畅地沟通吗？顺畅的沟通本身不就是一个说（shuō）服的过程，一个用说话服务别人的过程吗？说（shuì）服别人的过程不也应该是越顺畅就越容易成功吗？

下面，我把沟通节奏和说服能力结合在一起，通过"说服公式"和"四原色公式"，帮助你形成对说服方法论的认知。

## 1. 一招鲜的说（shuì）服公式

一招鲜，吃遍天。当你要说（shuì）服别人的时候，不用想得多么复杂，只要你能把握住说（shuì）服的核心，就可以说（shuì）服周围的人。

不同于说（shuō）服，说（shuì）服十分强调明确目标。说（shuì）服过程的第一步就是要明确目标。不过光有目标还不够，目标是既可以定性描述，也可以定量描述的，而说（shuì）服公式的目标必须采用定量描述——指标。这里需要注意的是，目标是说（shuì）服之前就要确定的，而指标可以在说（shuì）服的过程中再确定。你也可以这么理解，说（shuì）服的过程就是一个从定性到定量的过程。整个过程，我们用说（shuì）服公式来表达：

$$说（shuì）服 \approx 重视 + 需求 + 需要 + 想象 + 指标$$

**第一步，重视。**很多人无法说服别人的原因，是沟通的一开始别人根本不重视，没有看到问题，或者没有意识到问题的重要性。如果别人不重视，你说得越多，别人反而越听不进去。所以，说服的第一步就是要使人知——不仅知道内容，而且知道重要性。

**第二步，需求。**大多数人的本能是趋利避害，自己的需求，人们心里是很清楚的，只是有时感受不那么明显。这时你要刺激别人的感受，比如"胸口闷""亏钱了"等，有了清晰的感受，就有了需求。比如胸口闷太难受了，就会想透透气；这次一定不能亏钱，就会好好规划一下。这些都是需求，如果别人产生了需求，就说明你的说服奏效了，你已经开始影响别人了。有了需求，才会有改变的动机和欲望，才会开始想办法。

**第三步，需要。**有了需求，就有了需要。这里要先弄清楚这两个概念如何区别。打个比方，你饿了，想吃东西，这个"想吃东西"就是需求。这时候你的面前放着米饭、面条和包子，你想吃哪个？无论你选什么，它都是一种需要，你选了包子，包子就是你的需要。你还可以简化理解，需求就是一个问题，而需要是

157

一个解决方案。当别人有了需求，就有了问题，但他不一定知道自己需要什么，也不一定知道解决方案是什么。这时你要动之以情、晓之以理，告诉别人他需要的是什么。

**第四步，想象**。想象指还未发生的事情，但你要用语言描述出来。带别人进入一种想象，你可以只聊好的一面，也可以对比着不好的一面再聊聊，让别人对这种想象产生期待，觉得这么做是对的，是可行的。别人的内心产生了认可和期待，你就要让他由知转行，从"知道"转向"做到"了。

**第五步，指标**。指标是量化的目标。其实在想象这一步，你就已经有一个相对模糊的目标了，这一步再把这个想象的目标，转变为清晰具体、简单易行的小目标，别人就可以行动了。做完这一步，你也就完成了使人知、令人信、动人情和促人行的过程。

这五步构成了完整的说（shuì）服公式。在实际行动中，不一定要按部就班地走完这五步，少些步骤也是可能完成说（shuì）服的。但如果沟通能用上这五步，你大概率会成功。

我有一个叔叔，家里人都想让他戒烟，因为他的身体情况很糟糕。叔叔平时口头答应，但还偷偷摸摸地抽。有一次他突然发病住进了医院，要做一个开胸腔的大手术。当时他都已经躺在病床上了，还想着抽两支呢，还吵嚷着让家里人去买。家里人坚决不同意，但又说不过他，婶婶就去找医生帮忙劝一下。当时医生是如何说服我叔叔的呢？我把整个过程分享给你。

医生很会选时间，婶婶请医生帮忙的时候，医生说等手术后吧。等叔叔做完手术被推回病房后，医生就开始了劝说，整个说服过程是这样的。

医生说："叔叔啊，跟您说个好消息，手术非常成功。但也有个特别特别不好的消息得跟您本人说一下（引起重视），给您洗肺的时候，我感到很奇怪啊，您也没有职业病的问题，但是您肺的症状比很多职业病患者的肺都严重！您现在感觉难受不，疼不疼？（刺激需求，真的疼。）这以后呢，烟可不能抽了，要不又花钱，还遭罪，再犯病可比这次要疼很多倍啊！我给您看看当时的录像哈，您看看这都什么颜色了（确认需要，拿录像和照片证据让叔叔看）。听说您过些日子要去看孙子，大孙子是不是特可爱，不过陪孩子的时候可不能抽烟哈，影响孩子健康，天天抱着孙子晒太阳，在公园遛弯多好啊（激发未来的想象）。烟不能再抽啦，再抽烟，犯病了回到医院，既错过了陪孙子的好时光，又遭儿子儿媳妇埋怨，是不是？您以后还抽烟吗？……不抽了好，您身上还有烟吗？……哎呀，家里还有两条？咱不能光说，得有决心、有行动啊，给孩子打电话吧，把家里的两条烟都扔了，以后不抽了，好不好？（指标，当时叔叔就打电话让孩子直接把烟扔掉）真好！"

医生的这次沟通对我叔叔的影响有多大呢？直到今天，他也没抽过一口烟，这就是说（shuì）服的力量。你再想想，平时有关部门发给大家的交通安全警示广告，是不是也是这个结构？用可怕的交通事故画面引起你的重视，用亲人的哭泣场面让你感受痛苦，然后给你敲警钟，告诉你如何做才对的。又比如告诉你坚决不能酒驾，酒驾会有怎样的惩罚，带你想象孩子在家等你的画面，配上琅琅上口的标语"喝酒不开车，开车不喝酒"等。

重视、需求、需要、想象和指标，这五步组合起来，就是大道至简、简单易行的说（shuì）服公式。这个公式平时稍加练习就可以掌握，很容易上手，尤其是你和对方有身份差异的时候，这个公式会更好用，比如你是对方的领导、老师或家长，或者你相对有某种权威，就像刚才的医生。

但是，回到日常生活，很多时候沟通都是平等的沟通，双方没有身份或权威的落差。这时该怎么说服呢？接下来分享一个适用面更广的说服公式——四原色公式。

---

**知识**

说（shuì）服公式：说服 ≈ 重视＋需求＋需要＋想象＋指标

**行动**

在一周内刻意使用说（shuì）服公式，说服别人三次。

---

## 2. 四原色公式，让你说（shuō）服 95% 的人

如果拿拳击和双人舞这两项运动来比喻，说（shuì）服给人的感觉像拳击，虽然是为了让别人更好，但沟通过程有一定的攻击性，并且总有要击倒对方的倾向；说（shuō）服则不然，它更像双人舞，双方通过节奏配合跳出美感，整个过程很美，也很温和，所以日常的适用范围也更广。

说（shuì）服公式的结构相对确定，而说（shuō）服公式相对灵活，它是基于说服的四个标准的一组公式，所以可以处理更为复杂的情况。当用四种颜色代表这四个标准时，就把说（shuō）服公式叫作四原色公式。

物理学中的光学三原色是红、绿、蓝（靛蓝），色彩三原色是品红、黄、青（天蓝）。把色彩三原色和光学三原色结合在一起，就形成了光源和反射物的四种原色。整合这四种原色，可以粗略地认为红、黄、蓝、绿就是这个世界的原色，这些原色的各种组合，构成了世界的五彩缤纷。

光源发的光是单向传播的，表达一样是单向的。光线发生反射时，可以将其想象成双向的，有来有回的，沟通也是这样的。为了便于理解，我用这四种原色类比对表达和沟通的四种"原色"进行说明，而这四种原色代表的表达方式，与上一章中提及的用颜色代表不同的行为模式是一致的。

（1）**红色**：感性。红色代表偏感性的表达。它可以是由心发出的，可以歇斯底里、毫无逻辑，可以很劲爆，也可以很诗意，可以是充满激情的、亢奋的，也可以是充满愤怒的。感性表达更关乎情感、心灵和感受，它可以让你的语言生动形象，可以让你和别人更好地共情。通过情感的传递，别人也更容易理解你所表达的内容，而完全缺乏感性的表达，会给人一种缺少人情味的感觉。

（2）**蓝色**：理性。蓝色代表偏理性的表达。这个世界上没有绝对的理性，你所认知和表达的客观世界，也是你主观加工过的客观世界，因此人与人的认知水平不同，区别在于有些人的认知更接近真实的客观世界。

基于此，如果沟通时偏理性，你就要理性地认识到，并不是所有人都能像你这么理性，也不是所有场景下人们都能够保持理性。这个认识非常重要，它对心态的影响非常大。任何理性中都有感性的底色，只是表达出来的多少不同。我们都不是完全理性的人，但这并不影响我们理性地表达。

相比于感性表达，理性表达可以帮助人们更精确地沟通与合作。比如，有人问你："广州塔高吗？"你说："可高了！我站底下往上看都晕！"这是感性表达。如果你说："总高600米！"这是理性表达。很明显，理性表达可以帮助人们更好地认知塔的高度。理性思维是随着人脑结构的进化逐步发展出来的高阶动物性，能够帮助人们建立更为广泛的合作。理性表达是有逻辑的、量化的、数据化的，也可以是辩证的，还可以是反本能的。具备逻辑关系和量化描述是理性表达重要的特点。

（3）**黄色**：共识。黄色代表共识性的表达。日常沟通几乎都会涉及共识问题，共识大致有三种：你主导的、对方主导的和共同协商的。三种共识对应三种共识的确认方式：你来确认的、对方确认的和协商确认的。

当你来确认共识时，你可能是在向下属发布一道工作指令，可能是在安排孩子的一次作业，可能是在劝说朋友不要什么。当对方来确认共识时，你可能是在请求同事帮忙，可能是在进行一次工作汇报。当协商确认时，你们可能是在谈生意，可能是在商量中午去哪儿吃饭，也可能是在确认下次旅游的时间。共识性表达的特点与 SMART 原则类似，如下所示。

- Specific：表达是具体的。
- Measurable：目标是可量化的。
- Attainable：共识的内容是能实现的。
- Relevant：共识的内容与你们的情感或利益是相关的。
- Time bound：有明确时间的。

将 SMART 原则用在这里作为参考，是为了强调用语言达成共识的核心。现实中的共识不一定非要通过语言来实现，也并不是每次都需要这么完整的内容，可能"确认一下眼神"

就达成了。

（4）**绿色**：接纳。绿色代表接纳性的表达。其实绿色可以代表很多特别好的含义，比如健康、环保、安全等，但在社交领域采用与表达技巧联系更紧密的含义，接纳。想一想，说到大自然你第一反应是什么颜色？去旅游时，人们会说一头扎进了大自然的怀抱。在人们的本能和潜意识中，接近大自然会产生一种被拥抱的感觉。在人与人的交往中，这种拥抱的感觉就是一种被接纳的感觉。一个人在沟通中不被接纳和被接纳的感觉是完全不同的，接纳会让人变得心平气和，语气也会平和；不被接纳更容易让人反抗，语气也会更激烈。接纳也是共情和同理心沟通的基础，如果你想让你的语言更能触动人心，可以多使用接纳性的表达方式。

我精简总结四原色的含义如下：感性（红）、理性（蓝）、共识（黄）和接纳（绿）。其中红色和蓝色虽然对比较为强烈，但并不矛盾，就像阴阳、黑白的对立统一一样，理性和感性在一个人身上是共存的，只是比例不同，沟通时能兼具感性和理性的都是高手。基于这四种颜色，这里介绍一下四原色公式中适用面最广的一种结构——绿、红、蓝、黄。

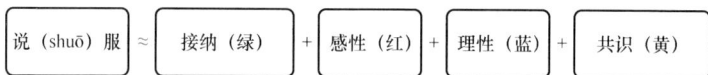

| 说（shuō）服 ≈ | 接纳（绿） | + | 感性（红） | + | 理性（蓝） | + | 共识（黄） |

这个结构是一个具有代表性的基本结构，四种颜色代表沟通

的四个阶段。在这四个阶段，沟通分别处于四种基本状态：接纳的状态、感性的状态、理性的状态和共识的状态。其实，说服的过程就是一个不断变态的过程。可以这样认为，说服的过程是由两个部分组成的：常态和变态。

常态，就是沟通的底色，沟通的整体感觉是包容的、温和的，还是具有对抗性的呢？每次沟通其实都有常态存在。

变态，是你随着沟通节奏的变化，因变而变的状态。

要进行有效的说服，就需要处理好这两个方面。如何把握好沟通的底色呢？这里举例说明。

评审委员会是新励成课程评审和产品质量监管的最高组织单元。有一次评审委员会开年会的时候，发生了一件很暖心的事。

会议期间，几个委员因一个课程设计上的问题，发生了争执。起因是上次会议时已经敲定了优化方案，但到这次会议时还没有落实到位。虽然双方都以提升学习效果为出发点，但围绕设计思路和方案，还是发生了很激烈的争执。

评审会秘书处有位何老师，在大家争论不休的时候，突然站起来，说："大家先停一停，非常抱歉，造成目前的情况不是大家的问题，都是我的问题。"其实这件事跟他的关系并不大，但他还是很平和地说："这次的物料准备，是我疏忽了，材料我可以在一小时后整理好。同时，刚才大家说的问题，我觉得从学员的角度看，有两点更重要，应该再深入谈论一下。"

不到一小时,和材料一起拿进会议室的,还有几杯果茶饮料,何老师说:"我的失误,让大家辛苦了。评审很辛苦,但不能心太苦,来喝点甜的,女士的都无糖哈,大家先分一下,我把材料给大家梳理一下。"那一刻,我们都被何老师给温暖了,后面的讨论也顺利了很多,还产生了两个效果更好的方案。

想一下何老师给评委们的感觉,你觉得更像绿红蓝黄中的哪种颜色? 我当时在场的感觉是绿色,因为整个过程有一种温和的接纳、包容的感觉,这就是沟通的底色。如果何老师转换一种感觉,用目标感和主导性都强的观点让大家强行达成共识,那两个新方案,估计也讨论不出来。

除了常态,沟通过程中也有变化。"绿红蓝黄"是按经验总结的使用面最广的一种结构,也是新励成团队平时都在用的一种沟通结构。

我们团队有个丁经理,平时最喜欢用的结构就是"绿红蓝黄",因为这个结构可以让他心平气和地与别人沟通,同时别人也有被尊重的感觉。有一次他的下属晓红来办公室找他给项目定标,晓红刚一进门,丁经理就起身相迎,说:

"来,晓红,沙发上坐,先喝口茶。"(接纳性表达)

…………

"好几天没聊天了，最近客户跟我反馈你的服务工作做得很好啊。"（感性表达）

…………

"之前的工作没问题就不说了，说说接下来这个阶段，你最主要的指标的实施方案吧。"（理性表达）

…………

"好，就按你说的做，业绩超额完成 20%，我再给你加 20 万元预算。"（共识性表达）

这个表达结构就是标准的绿红蓝黄，从接纳到感性，再从理性到共识。这个结构非常符合满足人被接纳、被喜欢、被认可和被尊重的需求顺序，所以适用面最广，使用起来也比较安全。

同样的沟通，如果我把结构调整一下，改成"黄蓝红绿"，大家感受一下。晓红刚一进门，丁经理就坐在原处，头也不抬地说：

"晓红，下个阶段你的业绩指标，定超额完成20%吧，行不行？"（共识性表达）

…………

"之前的工作就不用说了，说一下这个指标的实施方案吧，你打算怎么做？"（理性表达）

…………

"最近客户跟我反馈你的服务工作做得很好啊。"（感性表达）

...........

"坐会儿，喝会儿茶。"（接纳性表达）

这样沟通，听起来的感觉是不是完全变了？田忌赛马的故事告诉我们，有时调整顺序就可能赢得胜利。对于不同的沟通场景和人，要使用不同的顺序。绿红蓝黄是四原色公式的基本元素，基于四种颜色的顺序，可以整理出 16 种表达结构，如下图所示，这 16 种结构构成的整体才是完整的四原色公式。

| | | | | | | | |
|---|---|---|---|---|---|---|---|
| 1. | 接纳（绿） | + | 感性（红） | + | 理性（蓝） | + | 共识（黄） |
| 2. | 接纳（绿） | + | 理性（蓝） | + | 共识（黄） | + | 感性（红） |
| 3. | 接纳（绿） | + | 共识（黄） | + | 感性（红） | + | 理性（蓝） |
| 4. | 接纳（绿） | + | 感性（红） | + | 共识（黄） | + | 理性（蓝） |
| 5. | 感性（红） | + | 理性（蓝） | + | 共识（黄） | + | 接纳（绿） |
| 6. | 感性（红） | + | 共识（黄） | + | 接纳（绿） | + | 理性（蓝） |
| 7. | 感性（红） | + | 接纳（绿） | + | 理性（蓝） | + | 共识（黄） |
| 8. | 感性（红） | + | 理性（蓝） | + | 接纳（绿） | + | 共识（黄） |
| 9. | 理性（蓝） | + | 共识（黄） | + | 接纳（绿） | + | 感性（红） |
| 10. | 理性（蓝） | + | 接纳（绿） | + | 感性（红） | + | 共识（黄） |
| 11. | 理性（蓝） | + | 感性（红） | + | 共识（黄） | + | 接纳（绿） |
| 12. | 理性（蓝） | + | 共识（黄） | + | 感性（红） | + | 接纳（绿） |
| 13. | 共识（黄） | + | 接纳（绿） | + | 感性（红） | + | 理性（蓝） |
| 14. | 共识（黄） | + | 感性（红） | + | 理性（蓝） | + | 接纳（绿） |
| 15. | 共识（黄） | + | 理性（蓝） | + | 接纳（绿） | + | 感性（红） |
| 16. | 共识（黄） | + | 接纳（绿） | + | 理性（蓝） | + | 感性（红） |

沟通要灵活进行，依据情况的不同，你要懂得使用不同的表达顺序，当你可以熟练使用这 16 种顺序后，你就可以说服大部分人了。

先记住这 16 种结构，做到手中有剑、心中有剑，等熟练掌握用法后再忘记这些结构，回到四原色的状态，到时你就进入手中无剑、心中有剑的境界了。

---

**知识**

四原色的含义：感性（红）、理性（蓝）、共识（黄）、接纳（绿）。

**行动**

默写四原色公式中适用面最广的一种结构，并在一周内使用四原色公式说服别人三次。

---

# 从底层逻辑出发，更好地做出思考与行动

在新励成，我们常说："学习的目的在于知识，但更在于行动。"这种行动不是简单的行动，而是笃行。

在现实世界中，口才太重要了，它几乎关乎你生活和工作的方方面面，也关系到你是否能有成功和幸福的人生。

合上书后，你就可以将书中介绍的知识和观念转化为实际的行动了。纸上得来终觉浅，绝知此事要躬行。本书讲解了关于好口才的五种核心能力：懂得欣赏他人，能够夸到点子上的赞美能力；敢于回绝和善于说"不"的拒绝能力；说话适度、把握分寸的能力；主动把控节奏的能力；通过说话对别人产生积极影响的说服能力。如下图所示。这五种能力需要经常练习才能得到提升。

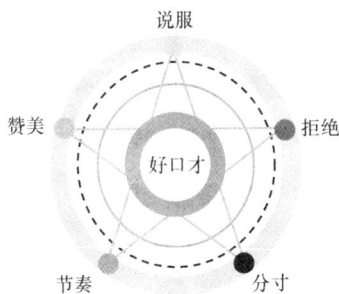

除了能力的进阶和提升外，你还要加深对口才的理解，多从底层展开思考。本书中所讲的五种核心能力也有它们的底层理论——**4P 理论**。我把对这个理论的描述放在了配套视频课里，以便大家更直观和立体地理解。在这里仅做简单的介绍。

从汉语角度来理解，4P 指的是 4 拍。这 4 拍是指语言的结构和节奏，可以简单理解为类似于第五章介绍的四原色公式，每次表达你都可以通过 4 句话或者 4 段话来完成。这个结构是你表达的底层逻辑框架。

从英文角度来理解，4P 指的是沟通时最核心的 4 个要素，我们用 4 个英文单词来表示：Person（人）、Percent（权利比重）、Presentation（呈现）、Point（重点），如下图所示。它们是高效沟通必备的 4 个条件：有对自己和对方的认知；能选择好让环境和人适配的呈现方式；能把握住沟通的重点；懂得沟通是人与人之间的一种权利分配。

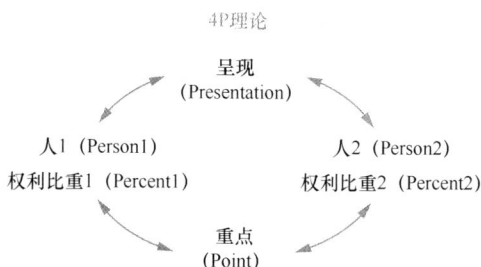

4P 理论

呈现
(Presentation)

人1（Person1）　　　　　　人2（Person2）
权利比重1（Percent1）　　权利比重2（Percent2）

重点
(Point)

4P 理论是本书内容的底层理论，我将通过其他书对其进行完整的表述。希望每位读者都能够内外兼修，拥有受益一生的好口才、好心态和好人缘。我们下一本书再见。